OMAS BESTE REZEPTE

Nudeln & Spätzle

OMAS BESTE REZEPTE

Nudeln & Spätzle

Herausgegeben und zusammengestellt
von
Sonja Carlsson

BELLAVISTA

Weitere Titel aus dieser Reihe:

Gemüse	ISBN 3-89893-110-2
Hackfleisch	ISBN 3-89893-109-9
Kartoffeln	ISBN 3-89893-108-0
Kuchen & Torten	ISBN 3-89893-053-x
Pfannengerichte & Aufläufe	ISBN 3-89893-054-8
Plätzchen	ISBN 3-89893-111-0
Suppen & Eintöpfe	ISBN 3-89893-056-4

Herausgegeben in Deutschland

Venloer Str. 1271
D - 50829 Köln
www.karl-mueller-verlag.de

Redaktion und Produktion: Dr. E. Reitter, Redaktions- und Verlagsservice, München

Satz und Herstellung: Thomas Floeren, München

Umschlaggestaltung und Purchasing: Büro Norbert Pautner, München

ISBN 3-89893-055-6

Printed in China

Inhalt

Vorwort 10

Nudeln mit leckeren Saucen 12

Nudelsuppen und -eintöpfe 36

Aufläufe und Pfannengerichte mit Nudeln 52

Maultaschen, Spätzle und Fleckerl 78

Nudelsalate 104

Süße Nudelgerichte 114

Rezeptverzeichnis 122

Vorwort

Nudeln sind ein wichtiger Teil von Großmutters Rezeptfundus. Nudeln gelten seit jeher als preiswertes und äußerst vielseitig verwendbares Grundnahrungsmittel. Sie lassen sich ganz einfach selbst herstellen, was aber heute weniger praktiziert wird und vielfach auch nur für regionale Spezialitäten wie Spätzle und Maultaschen gilt. Nudeln werden heute in ihrer ganzen Formenvielfalt im Handel angeboten. Wir unterscheiden ganz grob zwischen Eiernudeln und eifreien Nudeln. Beiden gemeinsam ist die Herstellung aus Hartweizengrieß; Eiernudeln sind gekocht eher hellgelb, eifreie Nudeln, wie sie vor allem in der italienischen Küche verwendet werden, sind nach dem Kochen deutlich heller und fast cremefarben. Im rohen Zustand ist ein Farbunterschied zwischen eihaltigen und eifreien Nudeln kaum zu erkennen.

Einen Nudelteig selbst herzustellen, ist kein Problem. Unsere Großmütter kneteten aus Mehl, Salz, Eiern und etwas Wasser einen mittelfesten glatten Teig, rollten ihn hauchdünn zu Flecken aus und ließen die Teigblätter auf Tüchern ausgebreitet an der Luft kurz antrocknen. Dann wurden die Teigblätter je nach gewünschter Länge der Nudeln halbiert oder geviertelt, die Stücke aufgerollt und mit einem scharfen Messer in schmale, mittelbreite oder breite Scheiben geschnitten. Die „Teigschnecken" wurden mit den Händen aufgelockert und die einzelnen Streifen auf Tüchern zum vollständigen Abtrocknen ausgebreitet. Nudeln wurden immer auf Vorrat zubereitet. Wenn viele Eier anfielen wurden daraus Nudeln hergestellt. Größere Nudelmengen, die für einen längeren Vorrat reichen sollten, wurden in der Regel ohne Zusatz von Salz hergestellt, da Salz Feuchtigkeit aus der Luft bindet und die Nudeln dadurch nicht so lange haltbar sind. Handelsübliche Nudeln werden daher auch ohne Salzzugabe hergestellt.

Die Nudelherstellung ist heute viel einfacher als damals, denn das Nudelschneiden übernehmen Nudelmaschinen, die den Nudelteig in verschiedene Breiten, Längen,

Dicken und Formen walzen und schneiden. Auch gleichmäßige Nudelplatten (für Lasagne oder gefüllte Nudeltaschen) kann man mit Hilfe einer Nudelmaschine herstellen. Für Spätzle muss der Nudelteig viel weicher sein als für normale Nudeln. Sie brauchen dafür einen Spätzlehobel oder ein Spätzlesieb, durch das der Nudelteig direkt ins kochende Wasser gestrichen wird. Je nachdem, welches Gerät Sie benutzen, erhalten Sie Spätzlenudeln (mit dem Spätzlehobel) oder Knöpflespätzle (mit dem Spätzlesieb). Küchenprofis schaben den weichen Teig geschickt von einem nassen Holzbrett ins kochende Wasser; dann entstehen längliche Spätzlenudeln.

Je weicher der Teig ist und je mehr Eier er enthält, umso kürzer ist die Kochzeit von Nudeln, Maultaschen und Spätzle. Man rechnet übrigens pro 100 g roher Teigwaren 1 Liter Kochwasser. Das Wasser muss kochen, wenn Sie die Nudeln hineingeben. Die Nudeln müssen darin schwimmen, damit sie nicht zusammenkleben und gleichmäßig gar werden.

Setzen Sie dem Wasser etwas Salz hinzu und rühren Sie die Nudeln während des Kochens einmal um, damit nichts am Topfboden klebt. Kochen Sie Nudeln, Maultaschen und Spätzle stets bissfest; wenn Sie zu lange gegart werden, schmecken sie flau und leer. Bitte stets im offenen Topf garen, da das Kochwasser schnell überläuft und sich die Kochzeiten auf der Packungsanweisung auf das Kochen im offenen Topf beziehen.

Nudeln und Spätzle schmecken warm und kalt, sind eine prima Beilage für zahllose Gerichte, vor allem, wenn eine Sauce dabei ist; und sie ergeben zusammen mit Fleisch, Wurst, Käse und Gemüse die köstlichsten Salate. Nudeln und Spätzle lassen sich auch vorzüglich mit Käse überbacken. Haben Sie schon mal ein süßes Nudelgericht probiert? Ganz einfach, und eine meiner Lieblingsspeisen, wenn ich bei Oma zu Besuch, war: Bandnudeln mit Apfelmus (wir sagten: Nudeln und Apfelbrei). Für uns Kinder ein Gedicht! Und bei Oma schmeckte es einfach am besten.

Alle Rezeptzutaten sind – sofern nicht anders angegeben – für 4 Portionen berechnet.

Nudeln mit leckeren Saucen

Spaghetti mit Tomatensauce

700 g vollreife Eiertomaten oder 800 g geschälte Tomaten (aus der Dose) · 2 EL Olivenöl · Salz · schwarzer Pfeffer aus der Mühle · 500 g Spaghetti · 4 EL Parmesan, frisch gerieben

Die Tomaten überkreuz einritzen, mit kochend heißem Wasser überbrühen, von den Stielansätzen befreien, enthäuten, entkernen und das Fruchtfleisch fein würfeln. Die Tomaten aus der Dose mit einem Passiergerät pürieren. Das Öl in einer Kasserolle erhitzen und die Tomatenwürfel darin 8 bis 10 Minuten offen köcheln lassen. Die Sauce mit Salz und Pfeffer abschmecken.

Die Spaghetti in reichlich sprudelndem Salzwasser bissfest kochen, auf ein Sieb schütten und abtropfen lassen. Die Spaghetti in einer Schüssel mit der Tomatensauce vermengen. Die Nudeln vor dem Servieren mit Parmesan bestreuen.

Tipp: Sie können auch Majoran, Thymian (frisch) oder Kräuter der Provençe (TK oder getrocknet) sowie eine durchpresste Knoblauchzehe unter die Sauce mischen. Statt Spaghetti kann man auch schmale Bandnudeln oder kurze Gabelspaghetti verwenden.

Bandnudeln mit Käsesauce

300 g Bandnudeln · ½ TL Salz · 1 EL Öl · 200 g milder Blauschimmelkäse (z.B. Bresso) · 200 ml Hühnerbrühe (Instant) · 8 EL süße Sahne · 1 EL Mehl · 4 EL trockener Weißwein · 1 Prise Zucker · weißer Pfeffer aus der Mühle

Die Bandnudeln in 3 Liter kochendes Salzwasser geben, das Öl hinzufügen und die Nudeln nach Packungsanweisung bissfest garen. Den Käse in kleine Stückchen schneiden. Die Hühnerbrühe erhitzen und die Käsewürfel unter Rühren darin schmelzen.

Die Sahne unterrühren. Das Mehl mit dem Wein glatt rühren, zur Sauce geben und etwa 5 Minuten bei schwacher Hitze köcheln lassen; mit Salz, Zucker und Pfeffer abschmecken. Die Nudeln auf ein Sieb schütten, gut abtropfen lassen und in einer vorgewärmten Schüssel servieren. Die Sauce zu den Nudeln servieren.

Spaghetti mit Gorgonzola

Weinsauce (Grundrezept Seite 48) · 500 g extra lange Spaghetti · Salz · 150 g Gorgonzola · 100 g süße Sahne · Pfeffer aus der Mühle · 2 EL Butter

Die Weinsauce nach Rezeptanweisung von Seite 48 zubereiten. Die Spaghetti in reichlich sprudelndem Salzwasser garen. Den Gorgonzola entrinden und in kleine Stücke schneiden. Die süße Sahne in einem kleinen Topf erhitzen und den Käse darin langsam bei milder Hitze schmelzen lassen. Die Sauce mit Salz und Pfeffer abschmecken.

Die Spaghetti auf ein Sieb geben, kalt abschrecken, abtropfen lassen, würzen und in wenig Butter schwenken. Die Käsesauce aufkochen lassen, die Weinsauce einrühren; nochmals erhitzen und nachwürzen. Die Spaghetti auf Tellern anrichten und die Sauce darüber gießen.

Spaghetti mit Zitronensauce

4 Frühlingszwiebeln · 1 unbehandelte Zitrone · 3 EL Butter · 4 EL trockener Sherry · 125 g Crème fraîche · 2–3 EL Zitronensaft · Salz · schwarzer Pfeffer aus der Mühle · 500 g Spaghetti · 2 EL Dill, fein gehackt · 1 EL Zitronenmelisse, fein gehackt · 4 EL Parmesan, frisch gerieben · 2 Zweige Zitronenmelisse · 1 Zweig Dill zum Garnieren

Die Frühlingszwiebeln waschen, putzen, das Grüne abschneiden und den Rest klein schneiden. Von der Zitrone die Schale abreiben, dabei darauf achten, dass das Weiße nicht mitabgerieben wird. Die Butter in einem Topf erhitzen und die Frühlingszwiebeln darin andünsten. Zitronenschale, Sherry und Crème fraîche unterrühren und die Sauce etwa 5 Minuten leicht köcheln lassen. Die Sauce mit Zitronensaft, Salz und Pfeffer abschmecken.

Die Spaghetti in reichlich sprudelndem Salzwasser bissfest garen, auf ein Sieb schütten und abtropfen lassen. In einer großen Schüssel mit der Sauce und den Kräutern vermengen. Das Gericht mit Parmesan bestreuen und mit Zitronenmelisse sowie Dill dekorieren.

Makkaroni mit Hackfleischsauce

3–4 EL Olivenöl · 300 g Rinderhackfleisch · 2 frische rote Pfefferschoten · 40 g frische Ingwerwurzel · 1 TL Speisestärke · 1 EL trockener Sherry · 3 Knoblauchzehen, durchgepresst · 1 Prise Zucker · 1–2 EL süße Sojasauce · 150 ml Rindfleischbrühe (Instant) · 400 g geschälte Tomaten (aus der Dose) · 2 EL Kerbelblättchen · 100 g Sojasprossen (aus dem Glas) · Salz · Pfeffer aus der Mühle · 500 g Makkaroni · 1 EL Petersilie, grob gehackt

Das Olivenöl erhitzen und das Hackfleisch darin kräftig anbraten. Die Pfefferschoten in Ringe schneiden, den Ingwer schälen und in feine Streifen schneiden. Die Speisestärke mit Sherry verrühren und zusammen mit Knoblauch, Pfefferschoten, Ingwer, Zucker, Sojasauce und der Fleischbrühe zum Hackfleisch geben; kurz durchkochen lassen.

Die Tomaten durch ein Sieb passieren und dazugeben. Die Kerbelblättchen und die Sojasprossen hinzufügen, die Sauce mit Salz und Pfeffer abschmecken und bei milder Hitze offen köcheln lassen.

Die Makkaroni nach Packungsanweisung in Salzwasser bissfest garen, auf ein Sieb schütten und gut abtropfen lassen. Die Nudeln auf Teller verteilen und jeweils zusammen mit der Sauce servieren. Jede Portion mit gehackter Petersilie bestreuen.

Tipp: Neben Hackfleischsauce passt auch eine Tomaten- oder Paprikasauce hervorragend zu den Makkaroni. Probieren Sie auch mal eine Sauce, die aus rotem Paprikamus und pürierten gegarten Möhren hergestellt wird. Sie schmeckt besonders mild und wird auch von Kindern gerne gegessen.

Bandnudeln mit Hackfleisch, Linsen und Mais

75 g rote Linsen · 200 ml Gemüsebrühe (Instant) · 1 kleine Zwiebel · 1–2 Knoblauchzehen · 1 EL Öl · 400 g Rinderhackfleisch · Salz · schwarzer Pfeffer aus der Mühle · 400 g geschälte Tomaten (aus der Dose) · 100 g Mais (aus der Dose) · Cayenne- oder Chilipfeffer · einige Tropfen Tabasco · 400 g gedrehte Bandnudeln · 1 TL Oregano, gehackt

Die Linsen in der Gemüsebrühe etwa 5 Minuten bissfest garen. Die Zwiebel schälen und fein würfeln. Den Knoblauch schälen und durch die Presse drücken.

Das Öl in einer Pfanne erhitzen und die Zwiebel und den Knoblauch darin andünsten. Das Hackfleisch hinzufügen und unter Rühren so lange braten, bis es braun und krümelig wird; mit Salz und Pfeffer würzen.

Die Tomaten durch ein Sieb in die Pfanne passieren und den Mais dazugeben. Die Sauce unter Rühren etwa 10 Minuten offen kochen lassen, bis die Tomatenflüssigkeit verdampft ist; mit Cayenne- oder Chilipfeffer und Tabasco scharf abschmecken.

Reichlich Salzwasser zum Kochen bringen und die Nudeln darin bissfest garen. Auf einem Sieb abtropfen lassen und auf vorgewärmten Tellern verteilen. Zum Schluss die Linsen und den Oregano unter die Hackfleischsauce mengen und diese über den Nudeln verteilen.

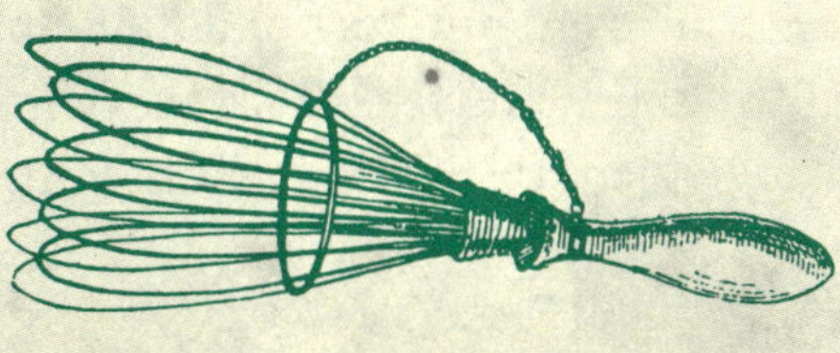

Spaghetti mit Salbei-Schinken-Sauce

500 g Spaghetti · Salz · 150 g gekochter Schinken · 100 g Butter · 8 frische Salbeiblätter · 1 Ecke Schmelzkäse (z.B. Milkana) · 1 Msp. Muskatnuss, gerieben · 4 EL Parmesan, frisch gerieben

Die Spaghetti in reichlich sprudelndem Salzwasser bissfest garen. Den Schinken in feine Würfel schneiden. Die Butter in einem Topf bei milder Hitze schmelzen. Die Salbeiblätter mit einem feuchten Tuch abwischen und in die heiße Butter geben. Den Schmelzkäse hinzufügen und unter ständigern Rühren auflösen. Die Sauce mit Muskat würzen; die Schinkenwürfel darin erhitzen. Die Spaghetti auf ein Sieb schütten, abtropfen lassen und auf vorgewärmten Tellern verteilen. Auf jeden Teller etwas Sauce geben und den geriebenen Parmesan darüber streuen.

Spaghetti mit Tomaten und Mozzarella

5 reife Fleischtomaten (ca. 1,5 kg) · 2 Schalotten · 1 kleines Stück frische rote Pfefferschote · 12 Basilikumblätter · Salz · Pfeffer aus der Mühle · 6 EL kalt gepresstes Olivenöl · 200 g Mozzarella (z.B. Zottarella) · 500 g Spaghetti

Die Tomaten überkreuz einritzen, mit kochend heißem Wasser überbrühen, enthäuten, entkernen und das Fruchtfleisch fein würfeln. Die Schalotten schälen und in kleine Würfel schneiden. Die Pfefferschote und das Basilikum in Streifen schneiden.

Die Tomatenwürfel in einer großen Schüssel mit Schalotten, Pfefferschote sowie Basilikum vermischen und mit Salz und Pfeffer abschmecken; das Olivenöl hinzugeben und gut vermengen. Den Mozzarella in Würfel schneiden.

Die Spaghetti in reichlich sprudelndem Salzwasser bissfest garen, auf ein Sieb schütten und gut abtropfen lassen. Die Nudeln zu den marinierten Tomaten geben, die Mozzarellawürfel hinzufügen; alles gut vermischen und sofort servieren.

Bandnudeln mit Spinatsauce

1 Zwiebel · 2 Knoblauchzehen · 800 g Blattspinat · 360 g Bandnudeln · Salz · 1 EL Margarine · 60 g Gorgonzola · 100 g süße Sahne · schwarzer Pfeffer aus der Mühle · Muskatnuss, gerieben

Die Zwiebeln schälen und fein hacken. Den Knoblauch schälen und durch die Presse drücken. Den Spinat verlesen, waschen und fein hacken. Die Nudeln in reichlich kochendem Salzwasser bissfest garen; auf einem Sieb abtropfen lassen und warm halten.

Während die Nudeln kochen, die Margarine in einer Pfanne erhitzen, Zwiebel und Knoblauch darin andünsten. Den Spinat dazugeben und etwa 5 Minuten mitdünsten, bis er zusammenfällt.

Den Gorgonzola würfeln, mit der süßen Sahne glatt rühren und zum Spinat geben. Die Sauce mit Salz, Pfeffer und Muskat abschmecken und kurz köcheln lassen, bis sich der Käse völlig aufgelöst hat. Die Nudeln zusammen mit der Sauce servieren.

Bandnudeln mit Kräutern

500 g Bandnudeln (z.B. von 3 GLOCKEN) · Salz · 1 Bund Frühlingszwiebeln · 2 Knoblauchzehen · 8 EL Olivenöl · 1 TL Majoran, gehackt · 1 TL Basilikum, gehackt · 1 TL Petersilie, gehackt · 1 TL Estragon, gehackt · 1 TL Schnittlauch, gehackt · 1 TL Zitronenmelisse, gehackt · Pfeffer aus der Mühle · 4 EL Parmesan, frisch gerieben · 200 g Kirschtomaten

Die Bandnudeln in reichlich kochendem Salzwasser bissfest garen. Die Frühlingszwiebeln putzen, waschen und das Weiße (das Grüne nicht verwenden) in feine Scheiben schneiden. Den Knoblauch schälen und fein würfeln.

Das Öl in einer großen Pfanne erhitzen und die Frühlingszwiebeln und den Knoblauch darin glasig dünsten. Die Nudeln auf ein Sieb schütten, abtropfen lassen und ebenfalls in die Pfanne geben; alles erwärmen.

Die frischen Kräuter gründlich untermischen. Das Gericht mit Salz und Pfeffer abschmecken, mit Parmesan bestreuen und auf Tellern verteilen. Die Kirschtomaten waschen, in Scheiben schneiden und die Teller damit garnieren.

Tipp: Milder schmeckt das Nudelgericht, wenn Sie statt Parmesan Butterkäse oder jungen Gouda verwenden. Es wird nicht gerieben (da er weicher ist), sondern grob geraspelt und unter die heißen Nudeln gemischt. So schmilzt er zart und verleiht dem Gericht eine milden und trotzdem überaus würzigen Geschmack.

Spaghetti mit Pesto

100 g frische Basilikumblätter · 2 EL Pinienkerne · 2 Knoblauchzehen, geschält · 6 EL kalt gepresstes Olivenöl · 3 EL Pecorino, frisch gerieben · 3 EL Parmesan, frisch gerieben · Salz · Pfeffer aus der Mühle · 500 g Spaghetti · Pecorino, gerieben

Die Basilikumblätter zusammen mit den Pinienkernen, den Knoblauchzehen und 2 EL Olivenöl in einem Mixer zu Mus verarbeiten. Unter ständigem Rühren im Mixer abwechselnd 1 EL der beiden Käsesorten, dann 1 EL Öl hinzufügen. Diesen Vorgang so oft wiederholen, bis das ganze Öl und die beiden Käsesorten aufgebraucht sind. Den Pesto mit Salz und Pfeffer würzen, in eine Schüssel füllen und mindestens 60 Minuten ruhen lassen.

Die Spaghetti in reichlich sprudelndem Salzwasser bissfest garen, auf ein Sieb schütten und gut abtropfen lassen. Den Pesto im Wasserbad erwärmen, etwas Nudelkochwasser abschöpfen und damit den Pesto verdünnen.

In einer großen Schüssel die Spaghetti mit dem Pesto so lange vermengen, bis jede Nudel mit der Sauce bedeckt ist. Etwas geriebenen Pecorino separat dazu reichen.

Bandnudeln mit Kürbis

400 g Kürbis · 100 g Lauch · 250 g geschälte Tomaten (aus der Dose) · 4 EL Olivenöl · Salz · 1 Zweig Rosmarin · 200 g süße Sahne · 2 EL Parmesan, frisch gerieben · schwarzer Pfeffer aus der Mühle · 500 g Bandnudeln

Den Kürbis schälen, das Fruchtfleisch waschen und würfeln. Den Lauch gründlich waschen und in feine Ringe schneiden. Die Tomaten durch ein Sieb drücken.

Das Olivenöl in einem Topf erhitzen, den Lauch und den Kürbis darin leicht andünsten. Die passierten Tomaten hinzufügen und salzen. Den Rosmarinzweig mit einem feuchten Tuch abwischen und zum Gemüse geben. Alles zugedeckt bei geringer Hitze etwa 20 Minuten köcheln lassen.

Wenn das Gemüse weich ist, den Rosmarinzweig entfernen, die süße Sahne und den Parmesan unterrühren und die Sauce mit frischem Pfeffer abschmecken.

Reichlich Salzwasser zum Kochen bringen, die Nudeln darin bissfest garen, auf einem Sieb abtropfen lassen und in eine vorgewärmte Schüssel füllen. Die Kürbis-Tomaten-Sauce dazugeben und alles gut vermischen.

Spaghetti mit Bohnenpüree

600 g dicke Bohnen (gegart oder aus dem Glas) · Salz ·
150 g Parmaschinken, in dünnen Scheiben · 125 g Mozzarella
(z.B. Zottarella) · 2 Stängel Basilikum · 3 EL kalt gepresstes Olivenöl ·
125-g-Becher Crème double · Pfeffer aus der Mühle · 300 g Spaghetti

Die Bohnen in kochendem Salzwasser 5 Minuten garen. Schinken und Mozzarella fein würfeln. Die gegarten Bohnenkerne aus der Haut drücken und zusammen mit 4 EL Kochwasser und den abgezupften Basilikumblättern pürieren. 2 EL Olivenöl und Crème double hinzufügen; pfeffern und salzen. Die Spaghetti nach Packungsanweisung in kochendem Salzwasser garen, abgießen und im restlichen Öl schwenken. Das Bohnenpüree erhitzen und auf vier Teller verteilen. Die Spaghetti darauf geben und mit Schinken- und Mozzarellawürfeln belegen.

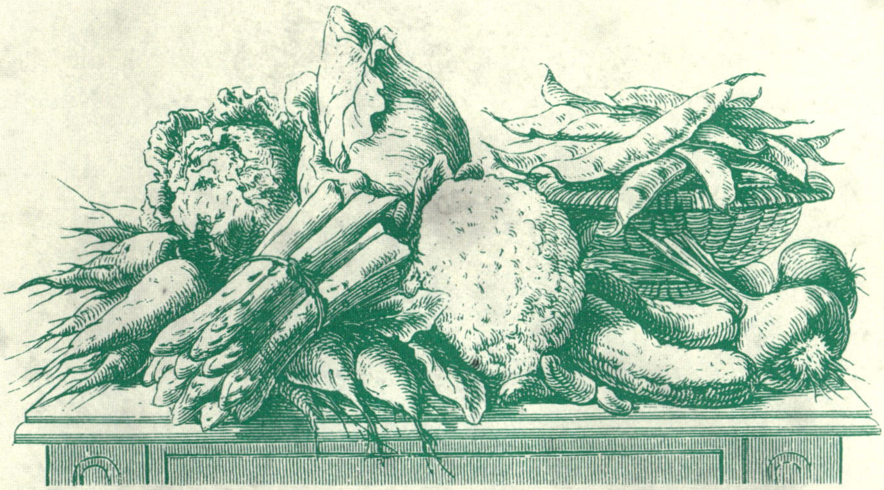

Badische Nudeln mit Sahnepilzen

10 g getrocknete Steinpilze · 250 g breite Nudeln (z.B. von 3 GLOCKEN) · ½ TL Salz · 1 EL Öl · 3 Zwiebeln · 1 Knoblauchzehe · 6 EL Butter · 500 g frische Champignons · 1 EL Zitronensaft · 2–3 Zweige Thymian · 250 g süße Sahne · 1 TL Mehl · Salz · weißer Pfeffer aus der Mühle · einige Petersilieblättchen

Die Steinpilze waschen und in kaltem Wasser 20 Minuten einweichen. Die Nudeln in 3 Liter kochendes Salzwasser geben, das Öl hinzufügen und die Nudeln 10 Minuten garen. Auf ein Sieb schütten, abtropfen lassen und warm stellen.

Zwiebeln und Knoblauchzehe schälen, fein hacken und in Butter dünsten, bis die Zwiebeln glasig sind. Die Champignons waschen, putzen und vierteln; mit Zitronensaft beträufeln. Die eingeweichten Steinpilze abtropfen lassen und zusammen mit den Champignons in den Topf geben. Den Thymian waschen, die Blättchen von den Zweigen zupfen und dazugeben; 5 Minuten dünsten.

Die süße Sahne mit dem Mehl verquirlen, zu den Pilzen geben und die Masse aufkochen lassen; mit Salz und Pfeffer würzen. Die Petersilie mit den Nudeln unter die Sahnepilze mischen.

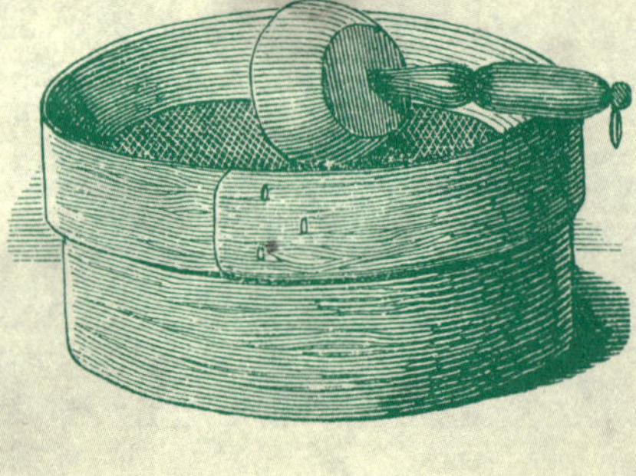

Spaghetti mit Pfifferlingen

500 g frische Pfifferlinge · 1 Zwiebel · 1 Knoblauchzehe · 5 EL Butter · Salz · Pfeffer · 500 g Spaghetti · 1 Bund Petersilie, klein gehackt

Die Pfifferlinge putzen, gut waschen und klein schneiden. Die Zwiebel schälen und fein hacken. Die Knoblauchzehe schälen. Die Butter in einer Pfanne erhitzen und die Zwiebelwürfel darin glasig dünsten. Die Pilze hinzufügen und anbraten. Die Knoblauchzehe in die Pfanne pressen und unterrühren. Die Pilze salzen und pfeffern und 2 EL Wasser dazugeben; bei milder Hitze gar dünsten.

Die Spaghetti in reichlich sprudelndem Salzwasser bissfest garen, auf ein Sieb schütten und gut abtropfen lassen. In einer großen Schüssel die Nudeln mit den Pfifferlingen vermischen und vor dem Servieren mit gehackter Petersilie bestreuen.

Pikante Nudeln mit Champignons

500 g Bandnudeln · Salz · 3 Frühlingszwiebeln · 200 g Champignons · 3 Zweige frischer Thymian · 3 Tomaten · 5 EL Butter · 200 ml Weißwein · 200 g süße Sahne · 150 g halbfester Schnittkäse · 100 ml Gemüsebrühe (Instant) · Pfeffer aus der Mühle

Die Nudeln in reichlich Salzwasser bissfest kochen, mit kaltem Wasser abschrecken, abgießen und abtropfen lassen. Die Frühlingszwiebeln in Ringe, die Champignons putzen und in Scheiben schneiden. Thymianblättchen von den Stielen zupfen. Die Tomaten mit kochendem Wasser überbrühen, unter kaltem Wasser abschrecken, enthäuten, vierteln und entkernen. Das Fruchtfleisch in Streifen schneiden. Die Butter in einem Topf zerlassen und darin die Champignons, Frühlingszwiebelringe und Thymianblättchen anschwitzen; mit Weißwein und süßer Sahne ablöschen. Den Käse grob würfeln, in die Sauce geben und unter ständigem Rühren auflösen. Die Sauce mit Gemüsebrühe auffüllen und mit Salz und Pfeffer abschmecken. Die Tomatenstreifen und die gekochten Nudeln unterheben.

Kräuternudeln mit marinierten Pilzen

Für den Nudelteig: *100 g Mehl · ½ EL Öl · ½ TL Salz · 3 Eigelb · 1 EL Kerbel, fein gehackt* · Für die Pilze: *350 g Zuchtpilze (Austernpilze oder Champignons) · 2 Knoblauchzehen · 3 EL Butter · Zitronensaft · ½ Bund Majoran · Salz · Pfeffer aus der Mühle · 200 g süße Sahne · Mehl zum Ausrollen · 1 EL Öl · Kerbelblättchen zum Garnieren*

Aus Mehl, Öl, Salz, Eigelben und dem Kerbel mit den Händen einen geschmeidigen Teig kneten; in Folie wickeln und etwa 30 Minuten ruhen lassen.

Die Pilze mit einem weichen Pinsel reinigen und je nach Größe teilen. Den Knoblauch schälen, hacken und in heißer Butter glasig dünsten. Die Pilze hinzufügen, kräftig anbraten und mit Zitronensaft, abgezupften Majoranblättchen, Salz und Pfeffer mischen. Die süße Sahne dazugeben, aufkochen lassen und warm stellen.

Den Nudelteig in acht Portionen teilen. Jede Portion dünn auf wenig Mehl mit dem Nudelholz ausrollen. In einem ausreichend großen Topf gesalzenes Wasser mit einem kleinen Schuss Öl zum Kochen bringen.

Die Nudelplatten je nach Topfgröße nacheinander einlegen und jeweils 3 Minuten in sprudelndem Wasser kochen; mit einem Schaumlöffel herausnehmen. Je zwei Nudelplatten auf Vorspeisenteller legen, darauf die Pilze geben und mit dem Kerbel garnieren.

Tipp: Dazu passen Cocktailtomaten und Blattsalat.

Bunte Bandnudeln mit Champignons

50 g Frühstücksspeck · 400 g Champignons · 1 Knoblauchzehe · 1 Bund Petersilie · 100 g Butter · ⅛ l Weißwein · Salz · Pfeffer aus der Mühle · je 250 g gelbe und grüne Bandnudeln · 4 EL Parmesan, frisch gerieben

Den Frühstücksspeck würfeln. Die Champignons putzen, kurz waschen und in Scheiben schneiden. Die Knoblauchzehe schälen und fein hacken. Die Petersilie waschen und hacken.

Die Butter in einem Topf erhitzen und den Speck darin anbraten. Den Knoblauch hinzufügen, kurz andünsten und die Champignons dazugeben. Die Pilze unter Rühren etwa 5 Minuten schmoren lassen, mit Weißwein ablöschen, salzen, pfeffern und die Petersilie unterrühren.

Die Bandnudeln in reichlich sprudelndem Salzwasser bissfest garen, auf ein Sieb schütten, abtropfen lassen und in eine Schüssel füllen. Die Pilze dazugeben, gut vermengen und vor dem Servieren mit Parmesan bestreuen.

Makkaroni mit Trüffel-Steinpilz-Sauce

1 Zwiebel · 200 g Steinpilze · Salz · 1 EL Olivenöl · 150 ml Gemüsebrühe (Instant) · 200 g süße Sahne · Salz · schwarzer Pfeffer aus der Mühle · 500 g Makkaroni · 10 g schwarze Trüffel · 1 EL süßer Weißwein

Die Zwiebel schälen und fein würfeln. Die Steinpilze putzen, mit einem feuchten Tuch abwischen und in kleine Stücke schneiden. Reichlich Salzwasser zum Kochen bringen.

Das Öl in einer Pfanne erhitzen und die Zwiebel darin glasig dünsten. Die Steinpilze hinzufügen, mitbraten und die Gemüsebrühe sowie die süße Sahne angießen; aufkochen lassen. Die Pilze mit Salz und Pfeffer würzen und offen 4 bis 5 Minuten köcheln lassen.

Die Makkaroni in das kochende Wasser geben und darin bissfest garen. Die Trüffel in sehr feine Streifen schneiden, zu den Pilzen geben und die Sauce mit dem Wein verfeinern. Die Nudeln abtropfen lassen, in einer Schüssel mit der Trüffel-Steinpilz-Sauce vermengen und sofort servieren.

Bandnudeln mit Meeresfrüchten

1 kg frische Miesmuscheln · ¼ l trockener Weißwein · 400 g Rotbarschfilet · 1 EL Zitronensaft · Salz · schwarzer Pfeffer aus der Mühle · 100 g ausgelöste Tiefseegarnelen · 250 g Bandnudeln (z.B. von 3 GLOCKEN) · 150 g Crème fraîche · 5 EL gehacktes Basilikum · Basilikumblätter zum Garnieren

Die Muscheln unter fließendem Wasser gründlich abbürsten und in einen großen Topf geben. Den Weißwein angießen, zum Kochen bringen und zugedeckt etwa 5 Minuten kochen lassen, bis sich die Muscheln öffnen. Die Muscheln herausnehmen, abkühlen lassen und das Fleisch aus den Schalen lösen. Muscheln, die sich beim Kochen nicht geöffnet haben, unbedingt wegwerfen! Etwa ⅛ Liter Muschelsud zurückbehalten.

Das Rotbarschfilet waschen, trockentupfen, würfeln, mit Zitronensaft beträufeln, salzen und pfeffern. Die Garnelen kurz abbrausen, mit Zitronensaft, Salz und Pfeffer würzen. Die Bandnudeln in reichlich kochendem Salzwasser bissfest garen, abgießen (etwas Nudelwasser auffangen) und abtropfen lassen.

Den Muschelsud mit der Hälfte der Crème fraîche in einem breiten Topf verrühren und aufkochen lassen. Den Rotbarsch darin zugedeckt etwa 5 Minuten leicht köcheln lassen. Das Muschelfleisch und die Garnelen dazugeben, alles salzen und pfeffern und noch 2 bis 3 Minuten erhitzen.

Die restliche Crème fraîche mit etwas Nudelwasser und Basilikum verrühren, mit Salz und Pfeffer abschmecken. Die Nudeln mit der Fischsauce vermengen und auf Tellern anrichten. Jeweils etwas gewürzte Crème fraîche darüber geben, mit Basilikumblättern garnieren und das Gericht sofort servieren.

Gefüllte Nudelrolle

200 g Mehl · 1 TL Salz · 1 Ei · 1 Eigelb · 80 g Butter · 1 kg frischer Spinat · 1 große Zwiebel · 1 Knoblauchzehe · Salz · Pfeffer aus der Mühle · Muskatnuss, gerieben · 140 g Romadur · 60 g Haselnüsse, gehackt · 5 EL Butter, flüssig

Aus Mehl, Salz, Ei, Eigelb und 2 EL Butter einen glatten Nudelteig kneten und in Klarsichtfolie eingewickelt 30 Minuten ruhen lassen.

Den Spinat waschen und 1 bis 2 Minuten in siedendem Wasser blanchieren, abgießen und grob hacken. Zwiebel und Knoblauch in kleine Würfel schneiden und in 6 EL Butter braten, den Spinat hinzufügen und kurz anschwitzen; mit Salz, Pfeffer und Muskat würzen.

Den Nudelteig auf einer bemehlten Arbeitsfläche etwa 2 mm dick zu einem Rechteck von 40 x 40 cm ausrollen. Mit der Spinatmasse bestreichen und mit dem in kleine Stücke geschnittenen Romadur und den gehackten Haselnüssen bestreuen. Den Rand ringsum mit Wasser bestreichen.

Den Teig aufrollen, fest mit einem Geschirrtuch umhüllen und die Enden zubinden. In reichlich leicht kochendem Wasser 35 Minuten gar ziehen lassen. Die Rolle in Scheiben schneiden und mit der flüssigen Butter begießen.

Bandnudeln mit Muscheln

400 g Bandnudeln · 1–2 TL Salz · 1 EL Öl · 1–2 Knoblauchzehen ·
1 Zwiebel · 300 g frische Champignons · 1 Bund Petersilie ·
500 g Muschelfleisch (aus der Dose) · 5 EL Butter · Salz ·
weißer Pfeffer aus der Mühle · 7 EL Butter zum Schwenken

Die Bandnudeln in reichlich kochendes Salzwasser geben, das Öl hinzufügen und die Nudeln nach Packungsvorschrift bissfest garen.

Die Knoblauchzehen und die Zwiebel schälen und fein hacken. Die Champignons waschen, putzen und blättrig schneiden. Die Petersilie waschen, trockentupfen und fein hacken. Die Muscheln abgießen und die Flüssigkeit auffangen.

Die Butter in einer Kasserolle erhitzen und die Knoblauch- und Zwiebelwürfel darin andünsten. Die Pilze und die Petersilie dazugeben und 5 Minuten mitdünsten. 5 EL von der Muschelflüssigkeit dazugeben und zugedeckt bei schwacher Hitze 10 Minuten köcheln lassen. Die Nudeln abgießen, in 1 EL Butter schwenken, in eine Schüssel geben und warm halten. Das Muschelfleisch sowie Salz und Pfeffer in die Sauce geben, aufkochen lassen, über die Bandnudeln geben und alles sofort servieren.

Tipp: Statt Muscheln können Sie auch gemischte Meeresfrüchte (Muschelfleisch, Krabben, Tintenfischringe) nehmen. Es gibt sie als TK-Ware in gut sortierten Supermärkten oder beim Tiefkühl-Heimdienst. Sehr fein schmecken die Nudeln auch mit Thunfisch.

Spiralnudeln mit Nusssauce

100 g Walnusskerne, geschält · je 1 Prise Zucker und Zimt ·
1 Prise Muskatnuss, gerieben · Salz · 6 EL Olivenöl · 2 EL Semmelbrösel ·
125 g süße Sahne · 500 g Spiralnudeln · schwarzer Pfeffer aus der Mühle

Die Walnusskerne im Mixer zerkleinern. Zucker, Zimt, Muskat und Salz hinzufügen und mit 3 bis 4 EL Wasser zu einer glatten, geschmeidigen Masse verrühren.

Das Olivenöl in einer Pfanne erhitzen und die Semmelbrösel darin anbräunen. Die Nusscreme und die süße Sahne dazugeben und 5 Minuten bei geringer Hitze köcheln lassen.

Die Spiralnudeln in reichlich sprudelndem Salzwasser bissfest garen, auf ein Sieb schütten, abtropfen lassen und in eine Schüssel füllen. Die Sauce darüber verteilen und mit frisch gemahlenem Pfeffer überstreuen.

Spiralnudeln mit Käse-Nuss-Sauce

Salz · 500 g Spiralnudeln · 1 Zwiebel · 2 EL Butter · 100 ml Milch · 100 ml Gemüsebrühe (Instant) · 150 g Blauschimmelkäse · 100 g Gouda, gerieben · 200 g Frischkäse · Pfeffer aus der Mühle · etwas Zitronensaft · 3 EL Walnüsse, grob gehackt

Reichlich Salzwasser zum Kochen bringen und die Nudeln darin bissfest garen. Die Zwiebel schälen, fein würfeln und in der zerlassenen Butter andünsten. Die Milch und die Brühe zu den Zwiebeln geben; etwa 5 Minuten einkochen lassen. Den Blauschimmelkäse mit einer Gabel zerdrücken und zusammen mit dem Gouda und dem Frischkäse in die Sauce geben; darin schmelzen lassen. Die Sauce mit Salz, Pfeffer und Zitronensaft abschmecken und die Walnüsse unterrühren. Die Nudeln in einem Sieb abtropfen lassen, in eine Schüssel geben und darin mit der Sauce vermischen.

Breite Bandnudeln mit Nusssauce

100 g Walnusskerne, geschält · 100 g Pinienkerne · ½ Knoblauchzehe · 6 EL Olivenöl · 4 EL Parmesan, frisch gerieben · Salz · 400 g breite Bandnudeln · schwarzer Pfeffer aus der Mühle

Die Walnusskerne zusammen mit den Pinienkernen in einer beschichteten Pfanne ohne Fettzugabe leicht anrösten; im Mixer zerkleinern. Den Knoblauch schälen und im Mörser fein zerreiben.

Reichlich Salzwasser zum Kochen bringen. Das Olivenöl erhitzen und die Nüsse sowie die Pinienkerne darin anrösten. Nach 5 Minuten den Parmesan hinzufügen und gut durchrühren; etwas Nudelkochwasser dazugeben und salzen. Den Knoblauch einrühren.

Die Bandnudeln in das kochende Salzwasser geben und bissfest garen. Auf ein Sieb schütten, abtropfen lassen und in einer Schüssel mit der Sauce vermengen. Zum Schluss mit frisch geriebenem Pfeffer abschmecken.

Nudelsuppen und -eintöpfe

Leberspätzlesuppe

125 g Semmelbrösel · 2 EL Milch · 125 g Leber (Rind oder Geflügel) · 5 EL Mehl · 3 EL Fett · Salz · Pfeffer aus der Mühle · Majoran · 1 l heiße Rindfleischbrühe (Instant)

Die Semmelbrösel mit Milch leicht anfeuchten. Die Leber waschen, häuten, in Stücke schneiden und mit dem Stabmixer pürieren. Mehl, Fett und die Gewürze zu den Bröseln geben und alles gut miteinander vermengen. Durch den Spätzlehobel die Masse in kochendes Salzwasser drücken; wenn die Spätzle nach oben steigen, abseihen und in die heiße Rindfleischbrühe geben.

Pfannkuchensuppe

125 g Weizenmehl · ¼ l Milch · 2 Eier · Salz · Fett zum Ausbacken · 1 l heiße Rindfleischbrühe (Instant) · Schnittlauchröllchen

Aus Mehl, Milch, Eiern und 1 Prise Salz einen Teig herstellen; 20 Minuten quellen lassen. Das Fett in einer beschichteten Pfanne erhitzen und vier dünne Pfannkuchen ausbacken; abkühlen lassen. Die Pfannkuchen aufrollen, in dünne Streifen schneiden und mit der heißen Brühe übergießen. Die Schnittlauchröllchen darüber streuen.

Schwäbische Flädlesuppe

125 ml kalte Milch · 6 EL Mehl · 1 Ei · Salz · Butter zum Ausbacken ·
1 l heiße Rindfleischbrühe (Instant) · Schnittlauchröllchen zum Bestreuen

Die Milch und das Mehl in einem hohen Rührgefäß verquirlen. Das Ei hineinrühren und 1 Prise Salz hinzufügen. Den Teig etwa 10 Minuten ruhen lassen. In einer großen Pfanne so viel Butter heiß werden lassen, dass der Boden gut bedeckt ist. Einen Schöpflöffel Teig in die Pfanne geben und den Teig durch mehrmaliges seitliches Neigen der Pfanne auseinanderfließen lassen. Den Pfannkuchen auf jeder Seite goldgelb backen und auf einen Teller gleiten lassen. Auf diese Weise den gesamten Teig verarbeiten.

Jeden Pfannkuchen zusammenrollen und mit einem scharfen langen Messer in 2 mm breite Streifen schneiden. Die Streifen auf vier vorgewärmte Suppenteller verteilen und mit heißer Rindfleischbrühe übergießen. Jede Portion mit Schnittlauchröllchen bestreuen.

Tipp: Es gibt Pfannkuchen fix und fertig gebacken im 5er-Pack (300 g) und im 10er-Pack (600 g) im Handel (Kühlregal). Was nicht benötig wird lässt sich in feine Streifen (Flädle) geschnitten gut portionsweise einfrieren. Die Streifen sind immer ideal für eine gute und schnelle Suppe.

Nudelsuppe

4 Möhren · 50 g Knollensellerie · 1 Petersilienwurzel · 1 kleine Zwiebel · 3 Gewürznelken · 2 EL Öl · 1 Lorbeerblatt · Salz · schwarzer Pfeffer aus der Mühle · 1 kg Suppenfleisch · 300 g Fadennudeln · 1 Bund Schnittlauch

Möhren und Sellerie schälen, sorgfältig waschen und jeweils in nicht zu kleine Stücke schneiden. Die Petersilienwurzel putzen, waschen und grob zerkleinern. Die Zwiebel schälen und mit den Nelken spicken. Das Öl in einem großen Topf erhitzen und das Gemüse darin andünsten. Zwiebel, Lorbeerblatt, Salz und Pfeffer hinzufügen und den Topf mit etwa 2 Litern kaltem Wasser auffüllen.

Das Suppenfleisch kalt abspülen und zum Gemüse in das kalte Wasser legen. Das Ganze einmal aufkochen lassen und dann offen sprudelnd etwa 25 Minuten kochen lassen; wiederholt den Schaum abschöpfen. Sobald sich kein Schaum mehr bildet, die Hitze reduzieren und die Suppe halb zugedeckt etwa 2 Stunden bei milder Hitze köcheln lassen. Lorbeerblatt, Zwiebel und Petersilienwurzel entfernen. Das Fleisch herausnehmen, etwas abkühlen lassen, in mundgerechte Stücke schneiden und wieder in die Suppe geben. Die Suppe eventuell nochmals mit Salz und Pfeffer abschmecken. Die Fadennudeln in der Suppe nach Packungsanweisung weich kochen. Den Schnittlauch waschen, in Röllchen schneiden und die Suppe kurz vor dem Servieren damit bestreuen.

Tipp: Unter Fadennudeln versteht man Nudelnestchen (à ca. 20 g), die so dünn wie Zwirnsfaden sind. Sie sind sehr schnell gar. Vor dem Zusetzen bitte mit den Händen auseinander drücken, sonst hat man sehr lange Nudeln in der Suppe, die dann ständig vom Löffel rutschen. Statt Fadennudeln können Sie auch feine Schnittnudeln (2 mm breit) oder Buchstaben- bzw. Sternchennudeln verwenden.

Schwäbische Maultaschensuppe

Für die Maultaschen: *250 g Mehl · 3 Eier · 1 EL Öl ·*
Salz · 200 g Frühlingszwiebeln (nur das Weiße) · 2 EL Butter ·
4 EL Petersilie, gehackt · 4 EL Schnittlauchröllchen · 150 g Croûtons
(selbst gemacht oder Fertigprodukt) · schwarzer Pfeffer aus der Mühle ·
1 Prise Muskatnuss, gerieben · 2 Eigelb zum Bestreichen ·
Außerdem: *1 l Gemüsebrühe (Instant)*

Das Mehl in eine Schüssel sieben und in die Mitte eine Mulde drücken. 1 Ei, das Öl, 150 ml Wasser und 1 Prise Salz in die Mulde geben. Das Ganze mit den Knethaken des elektrischen Handrührgeräts zu einem geschmeidigen Teig verarbeiten. Den Teig im Kühlschrank etwa 30 Minuten ruhen lassen.

Die Frühlingszwiebeln gründlich waschen, putzen und fein hacken. Die Butter in einer Pfanne erhitzen und die Zwiebeln darin glasig dünsten. Die Kräuter und die Croûtons hinzufügen und darunter mischen. Die restlichen Eier verquirlen, mit Salz, Pfeffer sowie Muskat würzen, dazugeben und unter ständigem Rühren stocken lassen. Die Pfanne vom Herd nehmen und die Füllung abkühlen lassen.

Für die Maultaschen den Teig auf einer bemehlten Arbeitsfläche dünn ausrollen. Die Teigplatte mit einem Messer in Quadrate mit 5 cm Kantenlänge schneiden. Die Hälfte der Teigquadrate jeweils mit etwa 1 EL Kräuterfüllung belegen. Die Ränder mit Eigelb bestreichen, die restlichen Quadrate darauf legen und jeweils seitlich fest andrücken.

In die heiße Gemüsebrühe die Maultaschen geben und in der siedenden Brühe etwa 10 Minuten gar ziehen lassen. Mit einem Schaumlöffel herausnehmen, auf vier Suppenteller verteilen und jeweils mit etwas Brühe übergießen.

Maultaschensuppe mit Lachs

300 g Lachsfilets ohne Haut und Gräten · 50 g Crème fraîche · 1 EL Kerbel, gehackt · 1 TL Meersalz · schwarzer Pfeffer aus der Mühle · 250 g Mehl · Muskatnuss, gerieben · 2 Eier · 1 EL Olivenöl · Mehl für die Arbeitsfläche · 1 kleine Schalotte · 2 EL Butter · 1 l Fischfond (aus dem Glas) · 3 EL Weißein · Kerbelblättchen zum Garnieren

Das Lachsfilet kalt abspülen, trockentupfen und in 1 cm große Stücke schneiden; in einer Schüssel mit Crème fraîche und Kerbel vermengen. Die Mischung pfeffern und salzen.

Das Mehl in eine Schüssel sieben. 1 Prise Salz, 1 Prise Muskat, 1 Ei, Olivenöl sowie 100 ml Wasser hinzufügen und das Ganze mit den Händen zu einem glatten Teig verkneten. Den Teig zugedeckt 30 Minuten ruhen lassen. Den Teig auf einer bemehlten Arbeitsfläche so dünn wie möglich ausrollen. Mit einer Teetasse (etwa 9 cm Ø) oder mit einem Ausstechförmchen Kreise ausstechen. Auf jeden Kreis mit einem Teelöffel etwas Lachsmasse geben.

Das zweite Ei verquirlen und die Kreisränder jeweils damit bestreichen. Jeden Kreis zusammenklappen und die Ränder jeweils fest andrücken. Die Schalotte schälen und fein hacken. Die Butter in einem großen Topf erhitzen und die Schalotte darin glasig werden lassen. Mit Fischbrühe ablöschen, Weißwein, Salz und Pfeffer einrühren.

Die Suppe bis kurz vor dem Siedepunkt erhitzen und die Maultaschen darin etwa 5 Minuten gar ziehen lassen; mit einem Schaumlöffel herausnehmen und auf vier Suppenteller verteilen. Jede Portion mit Brühe übergießen und mit Kerbelblättchen garnieren.

Gemüse-Nudel-Suppe

je 250 g Möhren, zarte Zucchini, Staudensellerie und Kartoffeln · 1 Bund Frühlingszwiebeln · 4 EL Sojaöl · 420 g geschälte Tomaten (aus der Dose) · 1 l Hühnerbrühe (Instant) · ½ TL getrockneter Thymian · weißer Pfeffer aus der Mühle · Salz · 100 g Hörnchennudeln · 1 Bund Basilikum · 50 g Parmesan, gerieben

Das Gemüse waschen, putzen, in feine Würfel oder Scheiben schneiden. Das Sojaöl in einem großen Topf erhitzen und das Gemüse unter gelegentlichem Durchrühren darin gut andünsten.

Die Tomaten auf ein Sieb schütten, dabei den Saft auffangen und zusammen mit der Hühnerbrühe sowie dem Thymian zum Gemüse geben. Mit Pfeffer und Salz leicht würzen und zugedeckt 20 Minuten bei schwacher Hitze garen.

Die Hörnchennudeln nach Packungsanweisung separat garen, auf einem Sieb abtropfen lassen, zur Suppe geben, diese aber nicht mehr kochen lassen.

Die auf dem Sieb verbliebenen Tomaten würfeln und unter die Suppe mischen. Die Suppe mit Pfeffer und Salz abschmecken, das Basilikum fein hacken, untermischen und die Suppe mit geriebenem Parmesan bestreut servieren.

Tipp: Anstelle der Hörnchennudeln können Sie auch die gleiche Menge an normalen Suppennudeln verwenden. Wenn Sie es gerne etwas herzhafter mögen, ersetzen Sie das Sojaöl durch Olivenöl, braten darin je 200 g fein gewürfelten Räucherspeck und rohen Schinken an und fügen erst dann das Gemüse dazu.

Nudel-Gemüse-Eintopf mit Schinken

1 Zwiebel · 250 g Wirsing · 200 g Möhren · 1 Knoblauchzehe · 2 EL Öl · 1 l Gemüsebrühe (Instant) · 100 g Vollkorn-Hörnchennudeln · 100 g gekochter Schinken · 2 EL Petersilie, gehackt · Muskatnuss, gerieben · schwarzer Pfeffer aus der Mühle · 2 EL Pinienkerne

Die Zwiebel schälen und in Würfel schneiden. Den Wirsing putzen, waschen und in Streifen schneiden. Die Möhren schälen und in feine Streifen schneiden. Die Knoblauchzehe schälen und durch die Presse drücken.

Das Öl in einem großen Topf erhitzen und die Zwiebel darin glasig werden lassen. Die Knoblauchzehe und die Möhren dazugeben und andünsten. Die Wirsingstreifen hinzufügen und unter Rühren kurz andünsten.

Die Gemüsebrühe angießen, die Nudeln dazugeben, alles gut durchrühren und 10 bis 15 Minuten bei mittlerer Hitze garen. In der Zwischenzeit den Schinken würfeln; kurz vor Ende der Garzeit in der Suppe heiß werden lassen. Die gehackte Petersilie einrühren und die Suppe mit Pfeffer, Muskatnuss und Salz abschmecken. Die Pinienkerne in einer beschichteten Pfanne ohne Fettzugabe anrösten und vor dem Servieren über die Suppe streuen.

Tipp: Statt Wirsing können Sie auch Chinakohl verwenden. Nehmen Sie dann vor allem die gekräuselten Blattteile; den Rest verwenden Sie am besten für Rohkostsalat. Schinken können Sie durch Wiener Würstchen (in Scheiben) oder kleine Cocktailwürstchen ersetzen.

Kräutersuppe mit Fadennudeln

150 g Fadennudeln · Salz · 2 Bund gemischte Kräuter (z.B. Petersilie, Schnittlauch und Dill) · 1 Schalotte · 1 Knoblauchzehe · 2 EL Butter · schwarzer Pfeffer aus der Mühle

Die Fadennudeln in Salzwasser bissfest kochen und kalt abschrecken. Die Kräuter verlesen, waschen und trockenschleudern. Die Blättchen jeweils von den Stielen abzupfen und einen Teil der Kräuterzweige zur Dekoration aufbewahren.

Die Schalotte schälen und fein schneiden, die Knoblauchzehe ebenfalls schälen und durch die Presse drücken. Die Butter in einem Topf erhitzen und die Zwiebel und den Knoblauch zusammen mit den Kräutern darin anschwitzen. Etwa ¾ Liter Wasser angießen und aufkochen lassen.

Die Suppe mit Salz und Pfeffer abschmecken und die gekochten Nudeln hinzufügen. Die Suppe in vorgewärmte Teller füllen und mit einigen Kräuterzweigen garnieren.

Geflügel-Gemüse-Suppe

500 g Truthahnfleisch (am besten aus der Oberkeule) · 250 g Brokkoli · 250 g Blumenkohl · 3 Stangen Staudensellerie · 250 g Möhren · 1 mittelgroßer Kohlrabi · 2 EL Öl · 1 l Hühnerbrühe (Instant) · 200 g Eiernudeln · Salz · schwarzer Pfeffer aus der Mühle · etwas Muskatnuss, gerieben · frische Kräuter (Petersilie, Schnittlauch Kerbel), gehackt

Die Truthahnkeule enthäuten, waschen und trockentupfen; falls nötig das Fleisch mit einem spitzen scharfen Messer vom Knochen lösen. Das Fleisch in kleine Würfel schneiden (den Knochen für die Suppe aufbewahren.).

Den Brokkoli und den Blumenkohl putzen, waschen und jeweils in Röschen teilen. Den Staudensellerie putzen und waschen, die Möhren sowie den Kohlrabi schälen. Staudensellerie und Möhren in Scheiben, Kohlrabi in Streifen schneiden.

Das Öl in einem großen Topf erhitzen und das Fleisch sowie den Knochen darin anbraten. Die Brühe angießen, zum Kochen bringen und das Gemüse hinzufügen; bei mittlerer Hitze etwa 10 Minuten köcheln lassen.

Die Nudeln hinzufügen und in der Suppe nach Packungsanweisung weich kochen. Den Knochen entfernen. Die Suppe mit Salz, Pfeffer und Muskat abschmecken und vor dem Servieren nach Belieben mit frischen Kräutern bestreuen.

Tipp: Statt Truthahn können Sie auch Hühnerklein nehmen. Das gegarte Fleisch von den Knochen lösen und wieder zur Brühe geben.

Blitz-Nudeltopf

300 g Putenbrust · Sojasauce · ½ TL edelsüßes Paprikapulver · Salz · weißer Pfeffer aus der Mühle · 2 EL Öl · 1 l Hühnerbrühe (Instant) · 300 g Hörnchennudeln · 1 rote Paprikaschote · 1 gelbe Paprikaschote · ½ Stange Lauch · 200 g Champignons

Die Putenbrust mit 1 EL Sojasauce, Paprika, Salz und Pfeffer würzen. Das Öl erhitzen und darin das Fleisch rundherum anbraten. Die Hühnerbrühe angießen und aufkochen lassen. In der Zwischenzeit die Nudeln nach Packungsanweisung gar kochen. Die Paprikaschoten und den Lauch waschen, putzen und in grobe Stücke schneiden. Die Champignons an den Schnittstellen nachschneiden; alles in die Brühe geben. Die gegarten Nudeln unter das Gemüse mengen. Den Nudeltopf nochmals mit Sojasauce, Salz und Pfeffer abschmecken und sofort servieren.

Nudeleintopf mit Rindfleisch und Rosenkohl

*500 g Rindfleisch (Bugstück) · Salz · Pfeffer aus der Mühle ·
2 Knoblauchzehen, grob gehackt · 1 Bund Suppengrün, klein geschnitten ·
750 g Rosenkohl · 200 g Spiralnudeln · 1 TL Pflanzenöl ·
1 Tomate · 100 g Edamer, gerieben*

Das Rindfleisch zusammen mit Salz, Pfeffer, Knoblauch und Suppengrün in 1 Liter Wasser zugedeckt 45 Minuten ziehen lassen. Den Rosenkohl putzen und mit dem in Würfel geschnittenen Fleisch in die Brühe geben; weitere 20 Minuten garen. Die Nudeln mit dem Öl in 2 Liter kochendem Salzwasser 8 bis 10 Minuten bissfest garen; abgießen und gut abtropfen lassen. Den Eintopf mit Salz und Pfeffer gut abschmecken. Die Tomate mit kochendem Wasser überbrühen, enthäuten, das Fruchtfleisch würfeln und in die Suppe geben. Die Spiralnudeln untermengen und weich kochen. Den geriebenen Käse auf die Suppe streuen.

Gaisburger Marsch

*500 g Rindfleisch · Salz · 2 EL Suppengrün, getrocknet · 2 Möhren ·
½ Sellerieknolle · 500 g Kartoffeln · 250 g Spätzle (Fertigprodukt), gekocht ·
Pfeffer aus der Mühle · Muskatnuss, gerieben · 1 Bund Petersilie, gehackt*

Das Rindfleisch waschen und in 1½ Liter kochendem Salzwasser zusammen mit dem Suppengrün bei mittlerer Hitze etwa 90 Minuten weich kochen. Gemüse und Kartoffeln schälen, waschen und in Würfel schneiden. Das Fleisch herausnehmen und in grobe Würfel schneiden. Die Fleischbrühe durchseihen und darin bei mittlerer Hitze das Gemüse 30 Minuten garen. Zum Schluss die Fleischstücke und die gekochten Spätzle in der Brühe erwärmen. Den Eintopf mit Salz, Pfeffer und Muskat kräftig würzen und mit gehackter Petersilie bestreut servieren.

Bohnensuppe mit Nudeln

200 g getrocknete weiße Bohnen · 80 g durchwachsener Räucherspeck · 1 Zwiebel · 1 Möhre · 1 Tomate · 1 Stange Staudensellerie · 1 EL Olivenöl · 1½ Liter klare Fleischbrühe (Instant) · schwarzer Pfeffer aus der Mühle · 160 g Hörnchennudeln · 1 EL Petersilie, gehackt · 4 EL Parmesan, gerieben

Die Bohnen über Nacht in Wasser einweichen. Den Speck in Würfel schneiden, Zwiebel und Möhre schälen und fein würfeln. Die Tomate waschen, halbieren, vom Stielansatz befreien und das Fruchtfleisch klein schneiden. Staudensellerie waschen, putzen und in Würfel schneiden.

Das Olivenöl erhitzen und den Speck darin glasig braten. Das Gemüse dazugeben, kurz mitbraten und die Bohnen hinzufügen. Mit Fleischbrühe auffüllen, mit Pfeffer würzen und zugedeckt bei geringer Hitze etwa 90 Minuten köcheln lassen; gelegentlich umrühren.

Etwa 10 Minuten vor Ende der Garzeit die Hörnchennudeln in sprudelndem Salzwasser bissfest kochen, auf ein Sieb geben, abtropfen lassen und zur Suppe geben. Die Suppe noch einmal kurz erhitzen und vor dem Servieren mit Petersilie und Parmesan bestreuen.

Fischsuppe mit bunten Nudeln

Für die Weinsauce: *125 g süße Sahne · 2 Eigelb · 2 Schalotten · 1 TL Butter · ⅛ l trockener Weißwein · Salz · Pfeffer aus der Mühle ·*
Für die Suppe: *150 g dünne bunte Nudeln · 1 TL Olivenöl · 4 Langostinoschwänze · 300 g Fischfilet (z.B. Heilbutt, Goldbarsch oder Zander) · 1 Schalotte · 1 Knoblauchzehe · 1 EL Butter · ⅛ l trockener Weißwein · 250 g süße Sahne · 100 g Crème fraîche · Salz · Pfeffer aus der Mühle · 1 Msp. Muskatnuss, gerieben*

Die süße Sahne steif schlagen, die Eigelbe unterziehen, die Schalotten schälen, klein schneiden und in der Butter anschwitzen. Den Wein angießen und etwas weiter köcheln lassen. Die Legierung aus Schlagsahne und Eigelben dazugeben und mit dem Schneebesen unterziehen. Die Sauce kräftig erhitzen und mit Salz und Pfeffer abschmecken. Die Nudeln in sprudelndem Salzwasser bissfest kochen, kalt abschrecken und mit Olivenöl vermischen. Die Langostinoschwänze seitlich zusammendrücken und das Fleisch aus dem Panzer schälen. Mit einem Messer am hinteren Ende einen Einschnitt setzen, den dunklen Darm entfernen und das Fleisch unter fließendem Wasser abspülen. Die Fischfilets entgräten und in mundgerechte Stücke schneiden. Die Schalotte schälen und fein würfeln, die Knoblauchzehe schälen und durchpressen. Die Butter in einem Topf erhitzen und die Zwiebel und den Knoblauch darin anschwitzen. Die Fischstücke und die Langostinos dazugeben, mit Salz und Pfeffer würzen; mit Weißwein auffüllen und aufkochen lassen. Den Fisch herausnehmen und warm stellen. Die süße Sahne und Crème fraîche einrühren; einmal aufkochen lassen und die Weinsauce hinzufügen und damit die Suppe legieren. Die Suppe kräftig aufwallen lassen, nochmals abschmecken und die Nudeln darin erwärmen. Die Suppe zusammen mit den Fischstücken in vorgewärmten Tellern servieren.

Makkaroni-Bohnen-Eintopf

600 g frische weiße Bohnen · 2 l Rindfleischbrühe (Instant) · 350 g Kartoffeln · 2 Möhren · 1 Stange Lauch · 400 g geschälte Tomaten (aus der Dose) · 200 g grüne Bohnen · 200 g Zucchini · 80 g Makkaroni · Salz · weißer Pfeffer aus der Mühle

Die Bohnen zusammen mit der Fleischbrühe in einem Topf erhitzen und bei milder Hitze 30 Minuten köcheln lassen. Die Kartoffeln und die Möhren schälen, die Kartoffeln in Würfel und die Möhren in Scheiben schneiden. Den Lauch putzen, waschen und in Ringe schneiden. Die Tomaten abtropfen lassen. Kartoffeln, Möhren, Lauch und Tomaten zu den Bohnen geben; etwa 50 Minuten kochen lassen. Die grünen Bohnen putzen, waschen und in Stücke schneiden. Die Zucchini waschen, putzen und in Stifte schneiden. Die Makkaroni in große Stücke brechen. Bohnen, Zucchini sowie Makkaroni etwa 15 Minuten vor Ende der Garzeit zum Eintopf geben. Den Eintopf gut durchrühren und mit Salz und Pfeffer kräftig abschmecken.

Nudeleintopf mit Garnelen

*250 g grüne Bohnen · 1 Möhre · 300 g Wirsing · 300 g Brokkoli ·
100 g Staudensellerie · 1 Knoblauchzehe · 1 EL Öl · 1 EL Butter ·
125 ml trockener Weißwein · 400 ml Fischfond (aus dem Glas) ·
½ l Gemüsebrühe (Instant) · 2 frische Thymianzweige · 400 g küchenfertiges
Steinbeißer- oder Kabeljaufilet · 2 EL Zitronensaft · 250 g Eiernudeln ·
Salz · 200 g Kirschtomaten · 100 g tiefgekühlte Garnelen ·
weißer Pfeffer aus der Mühle*

Das Gemüse waschen und putzen. Die Bohnen in Stücke schneiden, die Möhre in Scheiben und den Wirsing in grobe Stücke schneiden. Brokkoli in Röschen teilen und Staudensellerie in Stückchen schneiden. Den Knoblauch schälen und fein hacken. Das Öl und die Butter in einem großen Topf erhitzen und das Gemüse nacheinander hineingeben und andünsten. Den Knoblauch untermischen und mit Wein, Fischfond und Gemüsebrühe auffüllen. Die Thymianzweige darauf legen und das Gemüse zugedeckt 25 Minuten köcheln lassen.

Den Fisch kalt abspülen, in Würfel schneiden und mit Zitronensaft beträufeln. Die Nudeln in reichlich Salzwasser bissfest garen, abgießen und warm stellen. Nach 25 Minuten Garzeit die Kirschtomaten, die Fischstücke und die Garnelen in die Suppe geben und bei kleinster Hitze 10 Minuten ziehen lassen; die Nudeln untermengen und den Eintopf mit Pfeffer und Salz abschmecken.

Tipp: Setzen Sie auf jede Portion einen Klecks cremig gerührte saure Sahne oder Crème fraîche und bestreuen Sie das Häubchen mit grob geschrotetem Pfeffer und fein gehackter Petersilie.

Tomatensuppe mit Nudelhaube

½ Menge selbst gemachter Nudelteig (Grundrezept Seite 78) · 1 kg vollreife Tomaten · 1 Zwiebel · 2 Knoblauchzehen · 2 EL Olivenöl · 2 EL Tomatenmark · ⅛ Liter trockener Weißwein · Salz · schwarzer Pfeffer aus der Mühle · Mehl für die Arbeitsfläche

Einen Nudelteig nach Rezeptanweisung von Seite 78 zubereiten, dabei aber nur die halbe Menge verwenden. Die Tomaten über Kreuz einritzen, mit kochend heißem Wasser überbrühen, von den Stielansätzen befreien, enthäuten, entkernen und das Fruchtfleisch würfeln. Die Zwiebel schälen und fein hacken, die Knoblauchzehen ebenfalls schälen und durchpressen.

Das Öl in einem Topf erhitzen und die Zwiebel und den Knoblauch darin hellgelb anschwitzen lassen. Die Tomatenwürfel dazugeben und bei mittlerer Hitze zerkochen lassen. Nach einigen Minuten Kochzeit das Tomatenmark und den Weißwein einrühren, einmal aufkochen lassen und alles durch ein Sieb passieren.

Die Suppe mit Salz und Pfeffer abschmecken, in eine feuerfeste Terrine füllen und abkühlen lassen. Den Backofen auf 175 °C vorheizen.

Den Nudelteig auf einer bemehlten Arbeitsfläche mit dem Nudelholz etwa 2 mm dick ausrollen und entsprechend der Terrinengröße so ausschneiden, dass der Teig über den Rand geklappt werden kann. Den Teig auf die Terrine geben, dabei den äußeren Teigrand mit etwas Wasser anfeuchten, damit der Teig an der Terrine haften bleibt. Die Terrine in den Backofen geben und etwa 25 Minuten backen.

Aufläufe und Pfannengerichte mit Nudeln

Nudeln nach Bauernart

250 g Makkaroni · Salz · 1 TL Sonnenblumenöl · 1–2 EL Butter · 200 g Käse · 3–4 frische Eier · 200 ml Milch · weißer Pfeffer aus der Mühle · 2 EL Petersilie, fein gehackt

Die Makkaroni in 2 Liter kochendes Salzwasser geben, das Öl hinzufügen und die Nudeln nach Packungsvorschrift bissfest garen. Auf ein Sieb schütten, abschrecken und gut abtropfen lassen. Eine Auflaufform mit etwas Butter ausstreichen. Den Backofen auf 180 °C vorheizen.

Den Käse fein reiben und die Hälfte davon in eine Schüssel geben. Die warmen Makkaroni sowie die restliche Butter dazugeben und das Ganze vermengen. Dann in die Auflaufform geben.

Die Eier in ein Rührgefäß schlagen, mit einem Schneebesen verquirlen, die Milch unterrühren und mit Pfeffer und Salz würzen. Die Masse über die Makkaroni gießen, den restlichen Käse darauf verteilen und im Backofen auf mittlerer Einschubleiste etwa 40 Minuten backen. Vor dem Servieren mit der Petersilie bestreuen.

Tipp: Sie können zusätzlich etwas gewürfelten Schinken unter die Makkaroni mischen. Köstlich schmeckt das Gericht auch mit Hackfleischbällchen, die man zwischen den Makkaroni verteilt und mitgart.

Makkaroniauflauf

200 g Makkaroni · Salz · 1 TL Sonnenblumenöl · 250 g Staudensellerie mit Grün · 1 kleine Zwiebel · 1 Knoblauchzehe · 2 EL Butter · 300 g gemischtes Hackfleisch · 3 Eier · weißer Pfeffer aus der Mühle · 1 TL getrocknete Kräuter (Thymian Majoran Oregano) · 1 Msp. edelsüßes Paprikapulver · 1 Msp. Currypulver · 2 Spritzer Tabasco · 150 ml Milch

Die Makkaroni in 2 Liter kochendes Salzwasser geben, das Öl hinzufügen und die Nudeln nach Packungsvorschrift bissfest garen. Inzwischen den Staudensellerie waschen, mit Küchenpapier trockentupfen, die Enden jeweils knapp abschneiden und die Stangen in Scheibchen schneiden. Die Blättchen grob hacken. Die Zwiebel und die Knoblauchzehe schälen und jeweils fein würfeln.

Die Makkaroni auf ein Sieb schütten, abschrecken und gut abtropfen lassen. Gut die Hälfte der Butter in einer beschichteten Pfanne erhitzen, die Zwiebel- und Knoblauchwürfel darin anbraten, den Staudensellerie dazugeben und 2 Minuten mitdünsten.

Das Hackfleisch in eine Schüssel geben, 1 Ei untermischen und die Masse mit Pfeffer, Kräutern, Paprika, Curry und Tabasco würzen. Eventuell mit etwas Salz abrunden. Eine Auflaufform mit der restlichen Butter ausstreichen. Den Backofen auf 200 °C vorheizen.

Die restlichen Eier in ein Rührgefäß schlagen und mit einem Schneebesen gut verquirlen. Die Milch darunter rühren und die Masse mit Pfeffer und Salz würzen. Die Nudeln, die Gemüsemischung und die Hackfleischmasse abwechselnd in die Form schichten, die Eiermilch darüber gießen und das Ganze im Backofen auf mittlerer Einschubleiste 35 bis 40 Minuten backen.

Landfrauenauflauf

200 g gelbe und grüne Bandnudeln · Salz · 1 EL Speiseöl · 750 g Fleischtomaten · 250 g gekochter Schinken (am Stück) · 3 Eier · 150 g Crème fraîche · 4 EL Milch · Pfeffer aus der Mühle · 1 Bund Schnittlauch · ½ Bund glatte Petersilie · Butter für die Form · 400 g Magerquark · 1 Bund gemischte Kräuter, gehackt · 3–4 EL süße Sahne, geschlagen

Die Nudeln in 2 Liter kochendes Salzwasser geben, 1 EL Speiseöl hinzufügen und die Nudeln nach Packungsanweisung garen; in ein Sieb geben und abtropfen lassen.

Die Tomaten kurze Zeit in kochendes Wasser legen (nicht kochen lassen), in kaltem Wasser abschrecken, enthäuten, die Stielansätze herausschneiden und die Tomaten in Scheiben schneiden. Den Schinken in Würfel schneiden. Die Eier mit der Crème fraîche und der Milch verrühren und mit Salz und Pfeffer abschmecken. Die Kräuter vorsichtig abspülen, trockentupfen und fein hacken.

Eine flache, feuerfeste Form einfetten, eine Schicht Tomatenscheiben hineingeben und mit Salz, Pfeffer, Schnittlauch und Petersilie bestreuen. Die Hälfte der Schinkenwürfel darüber geben, die Nudeln und die restlichen Tomatenscheiben mit den Schinkenwürfeln einschichten; die restlichen Kräuter darüber streuen, mit der Eier-Creme-Masse bedecken und glatt streichen. Den Auflauf im vorgeheizten Backofen auf mittlerer Einschubleiste bei 200 °C etwa 40 Minuten backen.

Den Quark mit den gemischten Kräutern und der Sahne verrühren, auf den gegarten Auflauf geben oder dazureichen.

Allgäuer Nudelgratin

250 g grüne Bandnudeln (Rohgewicht) · Salz · 2 große Zwiebeln · 1 Knoblauchzehe · 2 EL Butter · 375 g gemischtes Hackfleisch · schwarzer Pfeffer aus der Mühle · Muskatnuss, gerieben · 140 g Tomatenmark · ⅛ l trockener Rotwein · 1 Lorbeerblatt · 1 TL Kräuter der Provence · Butter für die Form · 100 g Schnittkäse (z.B. Grünländer) · Majoran

Die Bandnudeln in reichlich kochendes Salzwasser geben und nach Packungsvorschrift garen. Die Zwiebeln schälen und sehr fein würfeln. Die Knoblauchzehe schälen und hacken. Die Butter in einer Pfanne erhitzen und die Zwiebeln sowie den Knoblauch darin andünsten, bis die Zwiebelwürfel glasig sind.

Das Hackfleisch hinzufügen und unter häufigem Wenden scharf anbraten; mit Pfeffer, Salz und Muskat würzen. Das Tomatenmark untermischen, den Rotwein dazugießen, das Lorbeerblatt und die Kräuter der Provence dazugeben; zugedeckt etwa 10 Minuten köcheln lassen, dabei gelegentlich durchrühren.

Die Nudeln gut abtropfen lassen und in eine mit Butter eingefettete Auflaufform geben. Die Hackfleischmischung darauf verteilen (vorher das Lorbeerblatt entfernen), den Schnittkäse grob raspeln und darüber geben; mit reichlich Majoran würzen. Das Gratin im vorgeheizten Backofen bei 200 °C so lange überbacken, bis der Käse schmilzt.

Makkaroni mit Spinat und Fleischbällchen

300 g Spinat · 250 g Tomaten · 1 Zwiebel · 1 Knoblauchzehe · 300 g Makkaroni · Salz · 3 EL Olivenöl · weißer Pfeffer aus der Mühle · 250 g Bratwurstmasse (vom Metzger) · 250 g Mozzarella (z.B. Zottarella) · Butter für die Form · 3 EL Butterflöckchen · 1 EL Petersilie, gehackt

Den Spinat putzen, die harten Stiele entfernen, gründlich waschen und gut abtropfen lassen. Die Tomaten über Kreuz einritzen, kurz in kochendes Wasser halten, enthäuten und vierteln. Kerne und Stielansätze entfernen und das Fruchtfleisch in größere Würfel schneiden. Die Zwiebel und den Knoblauch schälen und fein hacken.

Die Makkaroni in reichlich Salzwasser nicht ganz weich kochen; gut abtropfen lassen. Das Olivenöl in einer Kasserolle erhitzen und darin Zwiebel und Knoblauch hell anschwitzen. Den Spinat dazugeben und kurz mitschmoren; mit Salz und Pfeffer würzen. Die Tomatenwürfel hinzufügen und etwas erhitzen.

Die Bratwurstmasse ausdrücken und daraus 20 kleine Klößchen formen; diese in kochendem Salzwasser 5 Minuten ziehen lassen, herausnehmen und abtropfen lassen. Den Mozzarella in Scheiben schneiden und mit den Nudeln und den Klößchen unter die Spinatmasse geben.

Eine feuerfeste Form mit etwas Butter einfetten, die Masse einfüllen und mit Butterflöckchen belegen. Im vorgeheizten Backofen bei 200 °C auf der mittleren Einschubleiste etwa 20 Minuten garen. Zum Schluss die Petersilie darüber streuen.

Älpler Maggeronen

300 g mittelgroße Kartoffeln · Salz · 450 g kurze Makkaroni · 1 EL Öl · 300 g Hartkäse (z.B. Greyerzer), gerieben · 50 g Schweizer Hartkäse (z.B. Sbrinz), gerieben · 1 EL Butter · 100 g Zwiebeln · 100 g Schinkenspeck · 1 Bund Petersilie

Die Kartoffeln schälen, in Scheiben schneiden und in Salzwasser gar kochen. Die Makkaroni in 4 Liter kochendes Salzwasser geben, das Öl hinzufügen und die Nudeln nach Packungsanweisung bissfest garen. Die Käsesorten reiben und mischen. In einer Pfanne die Butter erhitzen. Die Zwiebeln schälen, fein würfeln und in die Butter glasig dünsten. Den Schinkenspeck fein würfeln und kurz mitbraten. Die Petersilie waschen, trockentupfen und fein hacken. Die Kartoffelscheiben und Makkaroni auf ein Sieb schütten und gut abtropfen lassen. Die Kartoffeln und die Nudeln in eine Schüssel schichten, dazwischen immer wieder etwas Käse streuen. Die Zwiebel-Schinkenspeck-Mischung und die gehackte Petersilie darüber streuen.

Nudelauflauf mit Spinat

Für 6 Personen

250 g Penne (z.B. von Buitoni) · Salz · 1 EL Öl · 300 g TK-Blattspinat · 1 Knoblauchzehe · 1 TL Butter · schwarzer Pfeffer aus der Mühle · 200 g Doppelrahmfrischkäse mit Kräutern · Butter für die Form · 400 g Rinderhackfleisch · 100 g Emmentaler, gerieben · ¼ l Rindfleischbrühe (Instant) · 4 EL süße Sahne · 3 EL Semmelbrösel · 1 EL Butterflöckchen

Die Nudeln in reichlich kochendem Salzwasser bissfest garen, auf einem Sieb abtropfen lassen und in einer Schüssel mit dem Öl vermengen. Den Blattspinat antauen lassen. Die Knoblauchzehe schälen und durch die Presse drücken. Die Butter in einer Pfanne erhitzen und darin den Spinat und den Knoblauch etwa 10 Minuten dünsten; mit Salz und Pfeffer würzen und den Frischkäse sorgfältig unterrühren.

Den Backofen auf 175 °C vorheizen. Eine Auflaufform mit Butter einfetten und die Hälfte der Nudeln einfüllen. Das Hackfleisch als flache Schicht darüber geben und kräftig mit Salz und Pfeffer würzen. Darüber den Spinat verteilen und mit den restlichen Nudeln abschließen. Den geriebenen Emmentaler darüber streuen.

Die Fleischbrühe mit der süßen Sahne verrühren und die Sauce über den Auflauf gießen; mit Semmelbröseln bestreuen, mit Butterflöckchen bedecken und im Backofen etwa 40 Minuten backen.

Nudelgratin mit Erbsen und Schinken

250 g Spiralnudeln · Salz · 150 g Möhren · 1 große Zwiebel · 1 EL Butter · 150 g TK-Erbsen · 250 g gekochter Schinken, in dickeren Scheiben · Butter für die Form · 250 g Magerquark · 150 g Crème fraîche · 2 Eier · schwarzer Pfeffer aus der Mühle · 1 TL Thymian

Die Nudeln in kochendem Salzwasser nach Packungsanweisung garen, eiskalt abschrecken und sehr gut abtropfen lassen. Die Möhren und die Zwiebel schälen, in kleine Würfel schneiden und in heißer Butter bei milder Hitze 5 Minuten dünsten. Die Erbsen in kochendem Salzwasser kurz blanchieren, eiskalt abschrecken, damit sie ihre schöne grüne Farbe behalten und gut abtropfen lassen. Den Schinken in kleine Würfel schneiden. Eine Auflaufform mit Butter einfetten. Den Magerquark mit der Crème fraîche und den Eiern in einer großen Schüssel verrühren; kräftig mit Salz, Pfeffer und Thymian würzen. Alle Zutaten darin wenden, diese in die Auflaufform füllen und im vorgeheizten Backofen bei 180 °C etwa 30 Minuten überbacken. Aus dem Ofen nehmen und noch heiß servieren.

Nudel-Gemüse-Auflauf

200 g schmale Bandnudeln · Salz · 1 EL Öl · 1 TL Salz · 400 g Auberginen · 200 g Zucchini · 150 g Tomaten · 4 EL Sojaöl · weißer Pfeffer · 1 EL Mehl · 2 EL Tomatenmark · 125 ml Gemüsebrühe (Instant) · 125 ml Milch · edelsüßes Paprikapulver · 150 g Mozzarella

Die Nudeln in reichlich Salzwasser zusammen mit Öl etwa 10 Minuten garen, kalt abschrecken und gut abtropfen lassen. Auberginen, Zucchini und Tomaten waschen, putzen und in dünne Scheiben schneiden. 2 EL Sojaöl erhitzen, die Auberginen und Zucchinischeiben darin goldbraun anbraten, die Tomaten dazugeben und kurz mitbraten; mit Pfeffer und Salz würzen.

Das restliche Sojaöl erhitzen, das Mehl darin hell anschwitzen, das Tomatenmark untermischen und kurz mitdünsten; mit kalter Brühe ablöschen und alles klumpenfrei verrühren. Die Sauce unter Rühren aufkochen, die Milch einrühren und unter Rühren 5 Minuten köcheln lassen; mit Pfeffer, Salz und Paprika würzen.

Den Mozzarella abtropfen lassen und in dünne Scheiben schneiden. Nudeln, Gemüse und Mozzarella schräg in eine hitzefeste Form einschichten, die Tomatensauce darüber verteilen und mit Pfeffer bestreuen. Den Auflauf im Backofen bei 175 °C etwa 30 Minuten backen.

Nudelauflauf mit buntem Gemüse

300 g Vollkornnudeln · Salz · je 1 rote und grüne Paprikaschote · je 1 grüne und gelbe Zucchini (à 120 g) · 80 g Zuckerschoten · 1 Zwiebel · 1 Knoblauchzehe · 1 grüne Peperoni · 300 g Tomaten · 3 EL Olivenöl · ⅛ l Gemüsebrühe (Instant) · weißer Pfeffer aus der Mühle · 2 EL gemischte Kräuter (Petersilie, Thymian, Oregano), fein gehackt · Butter für die Form · 250 g Mozzarella (z.B. Zottarella), in Scheiben · 4 EL Butterflöckchen · 1 EL Petersilie, gehackt

Die Nudeln in reichlich Salzwasser bissfest kochen, kalt abschrecken und gut abtropfen lassen. Die Paprikaschoten halbieren, entkernen, Trennwände und Kerne entfernen, waschen und in Streifen schneiden. Die Zucchini waschen, putzen und in ½ cm dicke Scheiben schneiden. Die Zuckerschoten waschen und putzen; die Zwiebel und den Knoblauch schälen und fein hacken. Die Peperoni halbieren, Kerne und weiße Trennwände entfernen und in feine Streifen schneiden. Die Tomaten über Kreuz einritzen, kurz in kochendes Wasser halten, enthäuten, vierteln und die Kerne entfernen. Das Öl in einer Pfanne erhitzen, Knoblauch und Zwiebel darin hell anschwitzen. Paprika, Zucchini und Zuckerschoten dazugeben, ebenfalls kurz anschwitzen und mit der Gemüsebrühe aufgießen; mit Salz und Pfeffer würzen und zugedeckt 5 Minuten dünsten. Peperoni und Tomaten hinzufügen, nochmals abschmecken und weitere 2 Minuten dünsten.

Die Nudeln unter das Gemüse mischen, wieder abschmecken und die Kräuter darüber streuen. Alles in eine mit Butter eingefettete Form füllen und mit den Mozzarellascheiben sowie Butterflöckchen belegen. Den Backofen auf 190 °C vorheizen und auf der mittleren Einschubleiste 15 bis 20 Minuten überbacken. Zum Schluss die gehackte Petersilie darüber streuen und servieren.

Nudelauflauf mit Spargel

400 g Bandnudeln · Salz · 1 TL Sonnenblumenöl · 500 g frischer Stangenspargel · 2 TL Butter · 250 g gekochter Schinken ohne Fettrand (am Stück) · weißer Pfeffer aus der Mühle · Muskatnuss, gerieben · 4 Eier · 150 g Crème fraîche mit Kräutern · 4 EL Milch

Die Nudeln in 2 Liter kochendes Salzwasser geben, das Öl hinzufügen und die Nudeln nach Packungsvorschrift bissfest garen. Inzwischen den Spargel waschen, die Stangen mit einem Spargelschäler von oben nach unten dünn schälen und die Enden abschneiden. Die Spargelstangen in 2 cm lange Stücke schneiden. Etwa 1 Liter Wasser zusammen mit etwas Salz und 1 TL Butter aufkochen, die Spargelstücke hinzugeben und etwa 10 Minuten kochen lassen. Mit einer Schaumkelle herausnehmen und abtropfen lassen. Die Nudeln auf ein Sieb schütten, abschrecken und gut abtropfen lassen. Den Schinken in kleine Würfel schneiden.

Den Backofen auf 200 °C vorheizen und eine Auflaufform mit der restlichen Butter ausstreichen. Die Nudeln zusammen mit dem Spargel und dem Schinken in einer Schüssel vermischen und mit Pfeffer, Muskat und Salz würzen. Die Mischung in die Auflaufform füllen.

Die Eier sorgfältig trennen. Die Eigelbe mit einem Schneebesen gut verquirlen, die Crème fraîche darunter rühren und die Masse mit Pfeffer sowie Salz würzen. Die Eiweiße mit den Quirlhaken eines elektrischen Handrührgeräts steif schlagen und unter Rühren die Eigelbmasse hinzugeben. Die Masse über die Nudelmischung verteilen und das Ganze im Backofen auf der mittleren Einschubleiste etwa 35 Minuten backen.

Nudelpastete

Für 6 Personen
Für die Pastete: *½ Menge selbst gemachter Nudelteig (Grundrezept Seite 78) · 250 g Mozzarella · 150 g gekochter Schinken · 3 EL Parmesan, frisch gerieben* · Für die Sauce: *1 EL Olivenöl · 1 kleine Zwiebel, gewürfelt · 1 Knoblauchzehe, durchgepresst · 150 g Tomatenmark · 3 EL Mehl · ¾ l Rindfleischbrühe (Instant) · 1 Prise Zucker · Salz · Pfeffer aus der Mühle · 1 Bund Basilikum* · Außerdem: *Butter für die Form · 700 g Spiralnudeln, gekocht · 3 EL Butterflöckchen · 1 Eigelb, verquirlt*

Die halbe Menge vom selbst gemachten Nudelteig nach Rezeptanweisung von Seite 78 zubereiten. Den Teig nach der Ruhezeit dünn ausrollen und in 10 x 10 cm große Quadrate schneiden. Die Teigplatten kurz antrocknen lassen, im kochenden Salzwasser 5 Minuten garen, abschrecken und auf ein feuchtes Tuch legen. Den Mozzarella in Würfel und den Schinken in Streifen schneiden. Das Öl erhitzen und darin Zwiebel und Knoblauch glasig dünsten. Das Tomatenmark dazugeben und anschwitzen. Das Mehl darüber stäuben, Farbe nehmen lassen und mit der Brühe ablöschen. Die Sauce aufkochen und 5 Minuten köcheln lassen; durchpassieren und mit Zucker, Salz und Pfeffer abschmecken. Das Basilikum waschen, trockenschleudern, die Blättchen von den Stielen zupfen, fein hacken und dazumischen. Den Backofen auf 160 °C vorheizen. Eine Auflaufform mit Butter einfetten und mit zwei Dritteln der Teigplatten auslegen; den Rest beiseite legen. Die Pastetenform schichtweise mit Spiralnudeln, Mozzarella, Schinken und Parmesan füllen. Jede Schicht mit etwas Tomatensauce begießen. Die Füllung andrücken, die Butterflöckchen darauf setzen, mit einem Nudeldeckel versehen und darauf das Eigelb streichen. Die Pastete im Backofen 45 Minuten backen; 10 Minuten ruhen lassen. Die Pastetenscheiben mit der restlichen Tomatensauce anrichten.

Nudelgratin mit Hackfleisch

500 g schmale Bandnudeln · Salz · 1 EL Öl · 2 Zwiebeln · 2 Knoblauchzehen · 4 EL Olivenöl · 500 g gemischtes Hackfleisch · 1 TL Rosenpaprikapulver · Pfeffer aus der Mühle · 1 TL frischer Oregano, gehackt · 800 g geschälte Tomaten (aus der Dose) · 1 EL Tomatenmark · 1 Prise Zucker · 1 TL Balsamessig · Butter für die Form · 250 g Mozzarella

Die Nudeln in kochendem Salzwasser bissfest garen, abtropfen lassen, mit Öl vermengen und mit einem feuchten Tuch abdecken. Zwiebeln und Knoblauch schälen und fein hacken. Die Hälfte des Olivenöls erhitzen, Zwiebel und Knoblauch darin hellgelb anschwitzen lassen und auf einen Teller geben. Das restliche Olivenöl erhitzen und das Hackfleisch kräftig darin anbraten. Die Hitzezufuhr reduzieren und Zwiebeln und Knoblauch wieder dazugeben; mit Rosenpaprika, Salz, Pfeffer und Oregano würzen.

Die Tomaten durchpassieren und unterrühren. Das Tomatenmark mit 2 EL Wasser verrühren und zusammen mit dem Zucker und dem Essig dazugeben. Die Sauce 15 Minuten köcheln lassen.

Den Backofen auf 180 °C vorheizen. Eine Auflaufform mit Butter einfetten und die Nudeln hineinfüllen. Die Hackfleischsauce darüber geben und den Mozzarella in dünne Scheiben schneiden. Das Gratin damit bedecken und im Backofen etwa 15 Minuten überbacken.

Tipp: Sie können noch Gemüse wie zum Beispiel kleine Paprikawürfel, Zucchiniraspel und Maiskörner untermischen.

Nudel-Pilz-Auflauf mit Weinkäse

*350 g Nudeln · Salz · 500 g frische Pfifferlinge ·
3 EL Butter · 1 Zwiebel, fein gehackt · 2 Knoblauchzehen, fein gehackt ·
50 g Frühstücksspeck, fein gewürfelt · Pfeffer aus der Mühle · 1 EL Petersilie,
gehackt · ⅛ l Rindfleischbrühe (Instant) · ⅛ l Weißwein ·
125 g Weinkäse, gewürfelt · Butter für die Form · 3 Eier ·
350 g saure Sahne · 3 EL Semmelbrösel · 3 EL Butterflöckchen*

Die Nudeln in Salzwasser bissfest kochen. Mit kaltem Wasser abschrecken und abtropfen lassen. Die Pilze putzen und feinblättrig schneiden. In der Butter Pilze, Zwiebeln, Knoblauch und Frühstücksspeck andünsten, salzen und pfeffern. Die Petersilie darüber streuen. Fleischbrühe und Weißwein angießen und offen dünsten, bis die Flüssigkeit fast verdampft ist. Pilze, Nudeln und Käsewürfel mischen und in eine mit Butter gefettete Auflaufform füllen. Eier und saure Sahne mit Salz und Pfeffer verquirlen und über die Pilz-Nudel-Mischung gießen. Semmelbrösel, einige Käsewürfel und Butterflöckchen darüber geben. Im vorgeheizten Backofen bei 200 °C etwa 30 Minuten überbacken.

Nudel-Pilz-Auflauf

Für 4–6 Personen

400 g Austernpilze · 400 g frische Champignons · 100 g Möhren · 1 Bund Petersilie · 3 EL Keimöl · 250 g passierte Tomaten (aus der Dose) · 1 TL Kräuter der Provençe · weißer Pfeffer aus der Mühle · Salz · 3 EL Butter · 5 EL Mehl · ¼ l Milch · ¼ l kalte Rindfleischbrühe (Instant) · 50 g Edelpilzkäse (z.B. Roquefort) · Muskatnuss, gerieben · schwarzer Pfeffer aus der Mühle · Butter für die Form · 250 g Lasagneplatten (Fertigprodukt) · 5 EL Parmesan, frisch gerieben

Pilze und Möhren waschen, putzen und in Scheiben schneiden. Die Petersilie waschen und fein hacken. Das Öl erhitzen, darin Pilze und Möhren andünsten, Petersilie, Tomatenpüree und Kräuter untermischen; mit Pfeffer und Salz abschmecken.

Die Butter erhitzen, das Mehl darin hell anschwitzen und mit Milch ablöschen. Mit dem Schneebesen glatt rühren, wieder erhitzen, die Fleischbrühe dazugeben und alles aufkochen lassen; bei schwacher Hitze 7 Minuten köcheln lassen.

Den Edelpilzkäse in Würfel schneiden und in der Sauce schmelzen lassen; mit Muskat und Pfeffer abschmecken.

Den Backofen auf 200 °C vorheizen. In eine mit Butter eingefettete Auflaufform abwechselnd Käsesauce, Lasagneplatten und Pilzmischung geben. Mit Käsesauce abschließen und den geriebenen Parmesan darüber streuen. Im Backofen den Auflauf auf mittlerer Einschubleiste 30 Minuten garen, die Hitzezufuhr ausschalten und 10 Minuten ruhen lassen.

Makkaroni-Blumenkohl-Auflauf

1 kg Blumenkohl · *Salz* · Für die Béchamelsauce: *5 EL Butter* · *5 EL Mehl* · *½ l Milch* · *1 Prise Muskatnuss, gerieben* · *Salz* · *schwarzer Pfeffer aus der Mühle* · *5 EL Emmentaler, frisch gerieben* · *5 EL Parmesan, frisch gerieben* · Außerdem: *500 g Makkaroni* · *70 g gekochter Schinken* · *4 EL Olivenöl* · *Butter für die Form*

Den Blumenkohl einige Minuten in kaltes Wasser legen. Den Strunk entfernen, den Kopf in Röschen teilen und diese in reichlich kochendem Salzwasser etwa 10 Minuten garen.

Für die Béchamelsauce die Butter in einem Topf zerlassen. Das Mehl einrühren, hellgelb anschwitzen lassen, langsam mit Milch aufgießen und die Sauce unter Rühren 10 Minuten kochen lassen; mit Muskat, Salz und Pfeffer abschmecken und den geriebenen Käse unterziehen.

Die Makkaroni zum Blumenkohl geben und so lange kochen, bis die Nudeln bissfest sind. Den Schinken in Würfel schneiden. Das Olivenöl in einer großen Pfanne erhitzen und den Schinken darin leicht anbraten.

Die gegarten Makkaroni zusammen mit dem Blumenkohl abgießen, beides in eine Schüssel geben und darin mit dem Schinken und der Hälfte der Béchamelsauce vermengen. Den Backofen auf 200 °C vorheizen.

Eine Auflaufform mit Butter einfetten, die Makkaroni-Blumenkohl-Masse hineinfüllen und mit der restlichen Béchamelsauce bedecken. Den Auflauf im Backofen 10 bis 15 Minuten überbacken.

Nudelauflauf mit Weißkraut

*200 g gedrehte Vollkornnudeln · 1 TL Öl · Salz ·
500 g milchsauer vergorenes Weißkraut , klein geschnitten ·
Butter für die Form · 100 g Gouda · 1 TL Kümmel · 150 g saure
Sahne · 100 g magerer durchwachsener Speck, in Würfel geschnitten ·
1–2 TL Enzym-Ferment-Getreide (z.B. Kanne) · Selleriesalz ·
schwarzer Pfeffer aus der Mühle*

Die Nudeln mit dem Öl in reichlich Salzwasser 5 Minuten bissfest garen, abgießen und mit kaltem Wasser abschrecken; gut abtropfen lassen. Das Weißkraut in einen Topf geben, kurz aufkochen lassen und etwa 10 Minuten dünsten. Eine Auflaufform mit Butter einfetten und die Hälfte der Nudelmenge hineingeben. Als zweite Schicht einen Teil des vorgekochten Weißkrautes darauf geben. Die Hälfte vom Gouda in Würfel schneiden und zusammen mit dem Kümmel auf das Kraut streuen. Die restlichen Nudeln und das Kraut miteinander vermengen und ebenfalls in die Auflaufform füllen. Den restlichen Käse reiben. Aus geriebenem Käse, saurer Sahne und Speckwürfeln eine Sauce zubereiten. Mit Enzym-Ferment Getreide, Selleriesalz und Pfeffer abschmecken; die Sauce über den Auflauf gießen. Den Auflauf im vorgeheizten Backofen bei 200 °C etwa 15 Minuten überbacken.

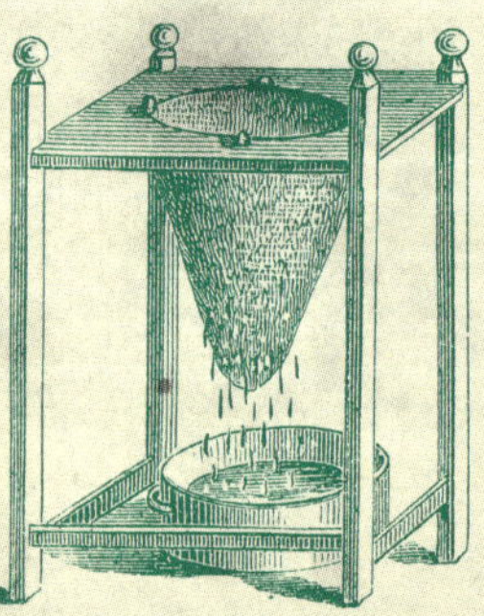

Spaghettiomelette

200 g Spaghetti · Salz · 6 Eier · Pfeffer aus der Mühle · 100 g Spinat, gekocht · 2 EL Petersilie, gehackt · 3 EL Parmesan, gerieben · 4 EL Butter · 100 g gekochter Schinken · 125 g Mozzarella (z.B. Zottarella)

Die Spaghetti in 2 Liter kochendem Salzwasser 8 bis 10 Minuten bissfest garen; abschütten und abtropfen lassen. Die Eier mit Salz und Pfeffer gründlich verquirlen und den gekochten, fein geschnittenen Spinat sowie die Petersilie hinzufügen. Die abgekühlten Spaghetti und den geriebenen Parmesan gründlich mit der Eimasse vermischen. Die Hälfte der Butter in einer großen Eisen- oder beschichteten Pfanne erhitzen und etwa die Hälfte der Spaghetti-Ei-Masse hineingeben. Den Schinken und den Mozzarella in Streifen schneiden und auf das Nudel-Ei-Gemisch in die Pfanne streuen. Mit der restlichen Omelettemasse bedecken und so lange braten, bis sich eine braune Kruste gebildet hat; das Omelette auf einen Teller gleiten lassen. Die restliche Butter in die Pfanne geben und das Omelette auch von der anderen Seite goldbraun braten und sofort servieren.

Mammas Lasagne

Nudelteig (Grundrezept Seite 78) · Für die Sauce: *100 g roher Schinken · 1 Zwiebel · 2 Knoblauchzehen · 1 TL Salz · 1 Möhre · 1 Stange Staudensellerie · 2 EL Butter · 4 EL Olivenöl · 100 g Rinderhackfleisch · 100 g mageres Schweinehackfleisch · ¼ l trockener Rotwein · 800 g geschälte Tomaten (aus der Dose) · Salz · schwarzer Pfeffer aus der Mühle · Muskatnuss, gerieben · 1 TL Basilikum, gehackt · 1 TL Oregano, gehackt* · Für die Béchamelsauce: *5 EL Butter · 5 EL Mehl · ½ l Milch · 1 Prise Muskatnuss, gerieben · 2 EL Parmesan* · Außerdem: *Butter für die Form · 6 EL Parmesan, frisch gerieben*

Den Nudelteig nach Rezeptanweisung von Seite 78 zubereiten. Den Teig nach der Ruhezeit dünn ausrollen und Teigplatten in Form von Quadraten oder Rechtecken zuschneiden. Die Teigplatten kurz antrocknen lassen, in kochendem Salzwasser etwa 5 Minuten garen, abschrecken und auf ein feuchtes Tuch legen.

Den Schinken in Würfel schneiden. Die Zwiebel schälen und fein hacken. Die Knoblauchzehen schälen und zusammen mit dem Salz in einem Mörser zerreiben. Die Möhre und den Staudensellerie schälen und fein hacken. Die Butter und das Öl in einer großen Pfanne erhitzen, die Möhre und den Sellerie darin leicht anrösten; beide Hackfleischsorten dazugeben. Das Fleisch unter Rühren kräftig braten, bis es eine helle Farbe angenommen hat und leicht krümelig ist.

Zwiebel und Knoblauch dazugeben und andünsten; mit Rotwein ablöschen. Die geschälten Tomaten mit einem Stabmixer pürieren und dazugeben. Die Sauce würzen, Basilikum und Oregano unterrühren und bei geringer Hitze etwa 60 Minuten kochen lassen; öfters umrühren. Für die Béchamelsauce die Butter in einem kleinen Topf erhitzen, das Mehl einrühren und hellgelb anschwitzen lassen. Die

Milch dazugießen und bei mittlerer Hitze unter ständigem Rühren 10 Minuten zu einer sämigen Sauce verkochen. Die Béchamelsauce mit Salz, Pfeffer, Muskat und Parmesan abschmecken. Den Backofen auf 180 °C vorheizen. Eine Auflaufform mit Butter ausstreichen. Die Form mit einer Schicht Teigplatten (die Teigplatten müssen gut nebeneinander Platz haben und dürfen nicht überlappen) auslegen. Darauf eine Schicht Fleischsauce, eine Schicht Béchamelsauce und eine Schicht geriebenen Parmesan geben. Diesen Vorgang wiederholen, bis alle Zutaten verbraucht sind. Die letzte Schicht sollte Béchamelsauce und Parmesan sein. Vor dem Backen darauf achten, dass der Abstand zwischen Lasagne und Formrand ausreichend mit Fleischsauce oder Béchamelsauce ausgefüllt ist. Die Lasagne in den Ofen geben und etwa 20 Minuten backen lassen. Wenn sich auf der Oberfläche eine goldgelbe Kruste gebildet hat und der größte Teil der Flüssigkeit von den Lasagne-Platten aufgenommen ist, die Lasagne servieren.

Nudelpfannkuchen

500 g Nudelhörnchen (z.B. „Posthörnle" von 3 GLOCKEN) · Salz · 1 Zwiebel · 400 g Kirschtomaten · 2 EL Öl · Pfeffer aus der Mühle · ½ Kästchen Kresse

Die Nudeln in reichlich kochendem Salzwasser bissfest garen und auf einem Sieb abtropfen lassen. Die Zwiebel schälen und fein hacken. Die Tomaten waschen, von Stielansätzen befreien und vierteln. Das Öl in einer flachen Pfanne erhitzen und die Zwiebel darin glasig dünsten. Die Nudeln und die Tomaten dazugeben und alles gut vermischen, bis die Nudeln mit dem Öl überzogen sind. Den Nudelpfannkuchen bei geringer Hitze 3 bis 4 Minuten anbraten; mit Salz und Pfeffer abschmecken. Die Kresse abschneiden, waschen, trockenschleudern und vor dem Servieren über den Pfannkuchen streuen.

Frühlingslasagne

Für die Füllung: *1 kg Zucchini · 1 Rosmarinzweig · 2 Lorbeerblätter · 4–5 Salbeiblätter · 1 Bund Basilikum · 1 Bund Petersilie · 3 EL Olivenöl · 100 ml Gemüsebrühe (Instant)* · Für die Béchamelsauce: *100 g Butter · 100 g Mehl · 1 l Milch · Salz · Pfeffer aus der Mühle · 1 Prise Muskatnuss, gerieben · 2 EL Parmesan, frisch gerieben* · Außerdem: *Butter für die Form · 500 g Lasagneplatten (z.B. von Buitoni) · 8 EL Parmesan, frisch gerieben · 2 EL Butterflöckchen*

Die Zucchini putzen, waschen und in dünne Scheiben schneiden. Die Kräuter jeweils waschen, trockenschleudern und fein hacken. Das Öl in einer Pfanne erhitzen und die Kräuter darin andünsten. Die Zucchinischeiben dazugeben, salzen und pfeffern. Die Gemüsebrühe angießen und zugedeckt 10 bis 15 Minuten köcheln lassen.

Für die Béchamelsauce die Butter in einem Topf erhitzen, das Mehl einrühren und hellgelb anschwitzen lassen. Die Milch dazugießen und bei mittlerer Hitze unter ständigem Rühren 10 Minuten eine sämige Sauce kochen. Zum Schluss mit Salz, Pfeffer, Muskat und Parmesan abschmecken.

Den Backofen auf 180 °C vorheizen. Eine Auflaufform mit Butter einfetten und mit einer Schicht Lasagneplatten auslegen, darauf eine Schicht Kräuter-Zucchini-Masse, eine Schicht Béchamelsauce und Parmesan legen. Diesen Vorgang wiederholen, bis alle Zutaten aufgebraucht sind. Die letzte Schicht sollte aus Béchamelsauce und Parmesan bestehen.

Die Butterflöckchen auf der Lasagne verteilen; im Backofen zuerst 20 Minuten zugedeckt und danach weitere 20 Minuten offen überbacken.

Nudelauflauf mit Thymian

*300 g gemischte Nudeln (z.B. Spiral- und Bandnudeln) · Salz ·
1 EL Öl · 125 g süße Sahne · 2 Eier · 125 g gekochter Schinken, gewürfelt ·
125 g Emmentaler, gerieben · schwarzer Pfeffer aus der Mühle ·
Butter für die Form · 1 Thymianzweig*

Die Nudeln in reichlich Salzwasser bissfest garen, abtropfen lassen, in einer Schüssel mit dem Öl vermengen und mit einem feuchten Tuch abdecken. Den Backofen auf 175 °C vorheizen. Die süße Sahne in einer Schüssel mit den Eiern verquirlen. Den Schinken und den Emmentaler hinzufügen und alles gut vermischen; mit Salz und Pfeffer würzen. Eine Auflaufform mit Butter einfetten und die Nudeln hineinfüllen; mit der Sahne-Ei-Masse begießen. Den Thymian waschen, trockenschleudern, die Blättchen vom Stiel zupfen und fein hacken. Den Auflauf im Backofen auf der untersten Einschubleiste 15 Minuten backen; den Thymian dazugeben und nochmals 5 Minuten backen.

Nudelauflauf mit Lachs und Mozzarella

250 g Bandnudeln · Salz · 200 g Lachsfilet · 150 g Mozzarella · 2 Tomaten · einige Basilikumblätter · 2 EL Olivenöl · weißer Pfeffer aus der Mühle · Butter für die Form · 4 EL Crème fraîche

Die Bandnudeln in reichlich kochendem Salzwasser bissfest garen und auf einem Sieb abtropfen lassen. Das Lachsfilet unter fließendem Wasser waschen, trockentupfen und in Würfel schneiden. Den Mozzarella ebenfalls würfeln. Den Backofen auf 250 °C vorheizen.

Die Tomaten überkreuz einritzen, mit kochend heißem Wasser überbrühen, von den Stielansätzen befreien, enthäuten, entkernen und das Fruchtfleisch fein würfeln. Die Basilikumblätter waschen, trockentupfen und in Streifen schneiden.

Die noch heißen Nudeln in einer Schüssel mit Olivenöl, Lachs, Mozzarella, Tomaten und Basilikum gut vermengen; mit Salz und Pfeffer würzen.

Eine Auflaufform mit Butter einfetten und die Nudel-Fisch-Masse darin verteilen. Die Crème fraîche mit einer Gabel verrühren und über die Masse geben. Den Auflauf im Backofen etwa 2 bis 3 Minuten überbacken.

Nudelpfanne mit Steinpilzsauce

500 g Nudeln (z.B. Penne von 3 GLOCKEN) · Salz ·
500 g Steinpilze · 100 g magerer Speck · Pfeffer aus der Mühle ·
200 g Schmelzkäse · 200 g süße Sahne · Petersilie, gehackt

Die Nudeln nach Packungsanweisung in 5 Liter Salzwasser bissfest garen. Die Steinpilze putzen, waschen, trockentupfen und in Stücke schneiden.

Den Speck in dünne Scheiben schneiden und in einer Pfanne kross anbraten; herausnehmen und warm stellen. In dem ausgelassenen Fett die Pilze anbraten; eventuell leicht salzen und pfeffern.

Inzwischen den Schmelzkäse mit der Sahne erwärmen und unter ständigem Rühren darin schmelzen. Die Nudeln abschrecken, abtropfen lassen und in die Pfanne geben. Die Käsesauce darüber gießen und alles kurz erhitzen. Den Speck dazugeben und das Gericht mit gehackter Petersilie bestreuen.

Pfannengemüse mit Hähnchenfleisch und Nudeln

*300 g Spaghetti (Rohgewicht) · Salz · 3 EL Sonnenblumenöl ·
2 Pck. Pfannengemüse (TK-Ware, à 300 g) · 500 g Hähnchenbrustfilet ·
weißer Pfeffer aus der Mühle · 250 ml Hühnerbrühe (Instant) ·
4 EL helle Sojasauce · Chinagewürzmischung (Fünf-Gewürze-Pulver)*

Die Spaghetti in 3 Liter kochendem Salzwasser nach Packungsanweisung bissfest garen. 1 EL Öl in einer beschichteten Pfanne erhitzen, das Gemüse unaufgetaut hineingeben und bei starker Hitze etwa 5 Minuten anbraten. Ab und zu vorsichtig umrühren.

Das Fleisch kalt abbrausen, trockentupfen und in kleine Würfel schneiden; mit Pfeffer und Salz würzen. Das Gemüse aus der Pfanne nehmen und beiseite stellen. 1 EL Öl in die Pfanne geben und das Fleisch darin von allen Seiten scharf anbraten; das Gemüse wieder dazugeben und alles gut vermengen. Die Brühe angießen und das Ganze zugedeckt 6 bis 8 Minuten garen; mit Sojasauce, Pfeffer, Chinagewürzmischung und Salz abschmecken.

Die Spaghetti in ein Sieb schütten und gut abtropfen lassen; mit zwei Gabeln auflockern. In einer zweiten beschichteten Pfanne das restliche Öl erhitzen und die Nudeln darin goldgelb anbraten, dabei mehrmals wenden. Die gebratenen Nudeln unter die Gemüse-Fleisch-Mischung heben.

Tipp: Das Gericht kann man auch wie ein Gratin mit Käse überbacken; streuen Sie grob geraspelten Gouda oder Emmentaler über das Gemüse.

Hackfleisch-Gemüse-Pfanne mit Bandnudeln

Je 1 rote, grüne und gelbe Paprikaschote · 1 Zucchini · 2 Zwiebeln · 2 EL Butter · 500 g gemischtes Hackfleisch · Salz · 1 Prise Cayennepfeffer · ½ TL edelsüßes Paprikapulver · 200 g süße Sahne · 2 EL Crème fraîche · 3 EL Kornschnaps (z.B. Bommerlunder) · Zucker · 400 g Bandnudeln

Die Paprikaschoten waschen, Stielansätze und Kerne entfernen und das Fruchtfleisch würfeln. Zucchini waschen, putzen und in Scheiben schneiden. Die Zwiebeln schälen und fein hacken. Die Butter in einer Pfanne erhitzen und das Gemüse darin unter Rühren etwa 5 Minuten andünsten. Das Hackfleisch dazugeben und krümelig braten. Die Gemüse-Hackfleisch-Mischung mit Salz, Cayennepfeffer und Paprika würzen. Die süße Sahne, Crème fraîche und Kornschnaps einrühren und zugedeckt bei geringer Hitze etwa 10 Minuten schmoren lassen. Zum Schluss 1 Prise Zucker hinzufügen; eventuell nachwürzen. Die Nudeln in reichlich kochendem Salzwasser bissfest garen, auf einem Sieb abtropfen lassen und zu der Hackfleisch-Gemüse-Mischung servieren.

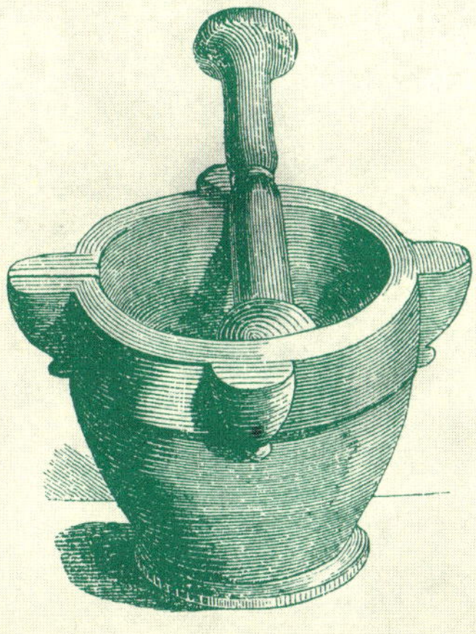

Maultaschen, Spätzle und Fleckerl

Selbst gemachter Nudelteig

Für 4–6 Personen

400 g *Weizenmehl (Type 405) · 4 Eier · 3 EL kalt gepresstes Olivenöl oder neutrales Pflanzenöl · Salz · Mehl für die Arbeitsfläche*

Das Mehl durch ein Sieb auf ein Brett oder eine glatte Arbeitsfläche häufen; in die Mitte eine Mulde drücken. Die Eier, 1 EL Öl und etwas Salz in die Mulde geben. Mit den Fingerspitzen das Mehl mit den Eiern vermischen. Vom oberen Rand immer mehr Mehl einarbeiten und zu einem Teig kneten, dabei mit dem Handballen die Masse fest zu einem Klumpen zusammendrücken. Ab und zu mit dem Teigschaber den angeklebten Teig vom Brett oder von der Arbeitsfläche schaben. Das restliche Öl hinzufügen und den Teig etwa 15 Minuten glatt und elastisch kneten; falls der Teig zu trocken ist, etwas Wasser tropfenweise einarbeiten.

Den Teig in ein feuchtes Tuch wickeln und an einem kühlen Ort (nicht im Kühlschrank) etwa 30 Minuten ruhen lassen.

Den Teig in 3 bis 4 Stücke teilen und jedes Teil auf einer bemehlten Arbeitsfläche einzeln ausrollen. Den Teig mit dem Handballen flachdrücken und kräftig mit dem Nudelholz nach allen Seiten hin ausrollen, bis man einen runden Fladen erhält. Wenn etwa ein Drittel des Fladens aufgerollt ist, diesen umdrehen und wieder aufrollen. Den Vorgang so oft wiederholen, bis der Fladen nur noch 2 mm dick ist. Das gilt für dünne, flache Nudeln wie z.B. Bandnudeln. Für Teigplatten, Ravioli und Maultaschen sollte der Teig 3 mm dünn sein. Den Teig etwa 20 Minuten trocknen lassen. Zur Herstellung von gefüllten Teigtaschen wie Maultaschen oder Ravioli wird der Teig noch feucht verwendet.

Maultaschen mit pikanter Füllung

500 g Mehl · 4 Eier · 1½ TL Salz · Für die Füllung: *200 g Möhren · 1 Zwiebel · 1 Bund glatte Petersilie · 1 Bund Zitronenmelisse · 1½ Bund Thymian · 2 EL Butterschmalz · 150 g Doppelrahmfrischkäse · 1 Eigelb · 50 g Haselnüsse, gehackt · Salz · Pfeffer aus der Mühle ·* Außerdem: *3 Fenchelknollen (à 200 g) · 3 kleine Möhren · 80 g Butterschmalz · 5 EL Haselnüsse, gehackt*

Mehl und Eier zusammen mit 5 EL Wasser und Salz zu einem geschmeidigem Teig verkneten; zugedeckt etwa 30 Minuten ruhen lassen. Für die Füllung Möhren und Zwiebeln schälen, waschen und fein würfeln. Die Kräuter waschen, trockentupfen und fein hacken. Das Butterschmalz in einer beschichteten Pfanne erhitzen und das gewürfelte Gemüse darin 5 Minuten dünsten; in eine Schüssel geben. Den Frischkäse, das Eigelb, die gehackten Haselnüsse, Salz, Pfeffer und die Kräuter unterrühren; abkühlen lassen. Den Maultaschenteig auf einer bemehlten Arbeitsfläche hauchdünn ausrollen und 16 Kreise (12 cm Ø) ausstechen. Die abgekühlte Füllung in die Mitte der Kreise setzen. Den Teig halbkreisförmig übereinander klappen und den Rand mit einer Gabel festdrücken.

Den Fenchel und die Möhren putzen, waschen und in hauchdünne Scheiben schneiden. Das Fenchelgrün zur Verzierung beiseite legen. 4 EL Butterschmalz in einer beschichteten Pfanne erhitzen und das Gemüse darin unter häufigem Wenden goldbraun braten. Die Haselnüsse hinzufügen und mit Salz und Pfeffer abschmecken. Die Maultaschen in siedendem Wasser so lange garen, bis sie an der Oberfläche schwimmen; mit einer Schaumkelle herausnehmen und im restlichen Butterschmalz anbraten. Die gebratenen Maultaschen mit den Fenchel- und Möhrenscheiben auf Tellern anrichten und mit dem Fenchelgrün verzieren.

Maultaschen mit Dörrfleisch

Selbst gemachter Nudelteig (Grundrezept Seite 78) · 100 g Blattspinat · Salz · 5 kleine Zwiebeln · 1 Knoblauchzehe · 200 g gemischtes Hackfleisch · 1 Ei · Pfeffer aus der Mühle · 1 Prise Muskatnuss, gerieben · 100 g Butter · 100 g Dörrfleisch, in Streifen geschnitten

Den Nudelteig nach Rezeptanweisung von Seite 78 zubereiten. Den Spinat verlesen, waschen, klein hacken und kurz in Salzwasser blanchieren. Die Zwiebeln schälen, drei davon in Streifen und die restlichen in Würfel schneiden. Alle Zutaten (außer Zwiebelstreifen, Butter und Dörrfleisch) mischen.

Den Nudelteig vierteln und zu Rechtecken ausrollen. Die Hackfleischmasse in einen Spritzbeutel füllen und auf jedes Rechteck zwei Häufchen setzen. Den überstehenden Teig mit Wasser bestreichen und einrollen. Kleine Teigtaschen abdrücken, mit einem Messer durchschneiden und die Ränder gut andrücken. Die Maultaschen in reichlich kochendem Salzwasser etwa 20 Minuten garen.

Das Dörrfleisch zusammen mit der Butter in einem Topf erhitzen, die Zwiebelstreifen dazugeben, pfeffern und alles kurz dünsten. Die Maultaschen herausnehmen, abtropfen lassen und zusammen mit der Dörrfleisch-Zwiebel-Mischung servieren.

Maultaschen mit Fleischsauce

½ Zwiebel · ½ Knoblauchzehe · 2 Nelken · 6 EL Olivenöl · 250 g gemischtes Hackfleisch · ⅛ l Rotwein · 400 g geschälte Tomaten (aus der Dose) · Salz · 500 g Maultaschen (Fertigprodukt) · 5 EL Parmesan, frisch gerieben · schwarzer Pfeffer aus der Mühle

Die Zwiebel und den Knoblauch schälen. Den Knoblauch fein hacken und die Zwiebel mit den Nelken spicken. Das Olivenöl in einer Pfanne erhitzen, Zwiebel und Knoblauch darin glasig dünsten. Das Hackfleisch dazugeben, mit dem Wein ablöschen und so lange kochen lassen, bis er verdunstet ist.

Die Tomaten mit dem Stabmixer pürieren, zum Fleisch geben, salzen und etwa 60 Minuten köcheln lassen; ab und zu umrühren, eventuell etwas Wasser dazugeben.

Die Maultaschen in reichlich kochendem Salzwasser nach Packungsanweisung bissfest garen, auf einem Sieb abtropfen lassen und in eine vorgewärmte Schüssel geben. Die Hackfleischsauce darüber gießen, alles gut vermischen und vor dem Servieren mit geriebenem Parmesan und Pfeffer bestreuen.

Maultaschen mit Kalbsleber

Selbst gemachter Nudelteig (Grundrezept Seite 78) · 400 g Kalbsleber · 1 Schalotte · etwas Thymian · 2 EL Butter · Salz · Pfeffer aus der Mühle · Muskatnuss, gerieben · 1 Eigelb · Weinsauce (Rezept Seite 48) · 100 g Spinat, blanchiert · 4 EL süße Sahne

Den Nudelteig nach Rezeptanweisung von Seite 78 zubereiten. Die Kalbsleber fein würfeln, die Schalotte schälen und fein schneiden. 100 g Leberwürfel, die Schalotte und Thymian in Butter anschwitzen, mit Salz, Pfeffer und Muskat würzen, das Eigelb einrühren und abkühlen lassen. Den Nudelteig halbieren und ausrollen. In Abständen von etwa 5 cm je einen Klecks der Masse darauf geben, die Ränder mit Wasser befeuchten und mit der zweiten Teigplatte abdecken. Die Ränder andrücken, Rechtecke ausschneiden und die Maultaschen in reichlich kochendem Salzwasser etwa 10 Minuten garen.

Die Weinsauce nach Rezeptanweisung von Seite 48 zubereiten. Den Spinat fein schneiden und in wenig Butter andünsten. Die süße Sahne angießen, den Spinat pfeffern und salzen und zusammen mit der Weinsauce erhitzen. Die restliche Kalbsleber in Butter anbräunen, pfeffern und salzen. Die Maultaschen auf einem Sieb abtropfen lassen, in Butter schwenken und sofort servieren.

Maultaschen mit Fischfüllung in Buttersauce

Selbst gemachter Nudelteig (Grundrezept Seite 78) ·
Für die Füllung: *60 g gut gekühltes Hechtfilet · Salz · schwarzer Pfeffer aus der Mühle · 1 Eiweiß · 60 g süße Sahne, gut gekühlt · 60 g Lachsfilet · 1 TL Dill, fein gehackt* · Für die Buttersauce: *1 Schalotte · 2 EL Butter · 100 ml trockener Weißwein · 100 ml Fischfond (aus dem Glas) · 4 EL trockener Wermut · 125 g Süße Sahne · 5 EL Salzbutter, gut gekühlt · weißer Pfeffer aus der Mühle · etwas Zitronensaft* ·
Außerdem: *1 Ei, verquirlt · einige Dillspitzen*

Den Nudelteig nach Rezeptanweisung von Seite 78 zubereiten, in ein feuchtes Tuch wickeln und 60 Minuten ruhen lassen. Für die Füllung das Hechtfilet in Würfel schneiden, mit Salz und Pfeffer würzen und in der Küchenmaschine oder mit dem Stabmixer zusammen mit dem Eiweiß fein pürieren, nach und nach die süße Sahne einarbeiten. Die Masse durch ein Haarsieb streichen und mindestens 2 Stunden kühl stellen. Das Lachsfilet in feine Würfel schneiden und zusammen mit dem Dill unter die Hechtfarce mischen; mit Salz und Pfeffer abschmecken. Für die Sauce die Schalotte schälen, fein würfeln und in der Butter andünsten. Mit Weißwein, Fischfond und Wermut ablöschen und auf ein Viertel der Menge einkochen lassen. Die süße Sahne hinzufügen, nochmals aufkochen lassen und die Salzbutter stückchenweise mit dem Schneebesen einarbeiten; mit weißem Pfeffer und Zitronensaft abschmecken und im Wasserbad warm halten.

Den Nudelteig in zwei gleich große Hälften teilen und auf einer bemehlten Arbeitsfläche dünn ausrollen. Mit einem Messerrücken auf einer Hälfte Quadrate von 2,5 cm Kantenlänge markieren und diese mit verquirltem Ei bestreichen. Die Hecht-Lachs-Füllung mit einem Teelöffel in die Mitte der Quadrate setzen. Die zweite Teighälfte darauf legen und mit den Fingern die Teigplatte an den Zwischenräumen andrücken, dabei möglichst keine Luft einschließen. Die Maultaschen mit einem Teigrädchen ausschneiden. Die Maultaschen in reichlich kochendem Salzwasser etwa 5 Minuten garen, mit dem Schaumlöffel herausnehmen, gut abtropfen lassen und auf vorgewärmten Tellern verteilen. Jede Portion mit Buttersauce übergießen und mit einer Dillspitze dekorieren.

Teigtäschchen mit Walnusssauce

selbst gemachter Nudelteig (Grundrezept Seite 78) · Weinsauce (Rezept Seite 48) · 125 g Walnüsse, gemahlen · 100 g süße Sahne · 75 g Ricotta-Käse · 1 Eigelb · schwarzer Pfeffer aus der Mühle · 1 Eiweiß · Salz · 2 EL Butter

Den Nudelteig nach Rezeptanweisung von Seite 78 zubereiten. Die Weinsauce nach Rezeptanweisung von Seite 48 zubereiten; im Wasserbad warm halten. Etwa 100 g Walnüsse mit drei Viertel der süßen Sahne vermischen. Den Ricotta zerdrücken, das Eigelb untermischen und mit Pfeffer würzen.

Den Nudelteig halbieren und dünn ausrollen. Auf die erste Hälfte im Abstand von etwa 5 cm kleine Kleckse der Käsemasse verteilen und die Zwischenräume mit Eiweiß bepinseln. Die zweite Hälfte auflegen, andrücken und mit einem Teigrädchen Halbmonde ausschneiden; alles auf diese Weise verarbeiten.

Die Teigtäschchen in reichlich kochendem Salzwasser etwa 5 Minuten garen, abgießen, würzen und in Butter schwenken. Die Walnusssauce erhitzen, abschmecken und die Weinsauce dazugeben; aufkochen lassen. Die Teigtäschchen zusammen mit der Sauce anrichten.

Teigtaschen mit Spinatfüllung und Walnusscreme

400 g Weizenmehl (Type 405) · 4 Eier · ½ TL Salz · 1–2 EL Öl ·
Für die Füllung: *300 g Spinat · 100g Frischkäse oder Speisequark · 125 g Champignons · 1 kleine Zwiebel · 1 EL Butter · Salz · weißer Pfeffer aus der Mühle · Muskatnuss, gerieben* · Für die Creme: *1 Scheibe Toastbrot · 4 EL Milch · 300 g Naturjoghurt (3,5% Fett) · 200 g Sahnejoghurt (10% Fett) · 100 g Walnusskerne · 1 Msp. Cayennepfeffer ·*
Außerdem: *Salz · 2 EL Öl für das Kochwasser*

Das Mehl auf eine Arbeitsfläche sieben; in die Mitte eine Mulde drücken und in die Mulde die Eier aufschlagen. Salz und Öl dazugeben und mit einer Gabel verrühren. Mit den Händen alles zu einem festen Teig kneten. Diesen zu einer Kugel formen, in ein feuchtes Küchentuch wickeln und 30 Minuten ruhen lassen.

Für die Füllung den Spinat waschen, verlesen und tropfnass in einem Topf bei milder Hitze 8 Minuten dünsten; abtropfen lassen und grob hacken. Mit dem Frischkäse oder Quark vermischen. Die Pilze putzen und blättrig schneiden. Die Zwiebel schälen und fein würfeln. In der erhitzten Butter glasig dünsten, die Pilze hinzufügen und so lange dünsten, bis die gesamte Flüssigkeit aufgenommen ist; vom Herd nehmen, unter die Spinatmischung geben und pikant abschmecken.

Den Teig auf einer bemehlten Arbeitsfläche dünn ausrollen. Auf die Hälfte des Teiges in gleichmäßigen Abständen jeweils 1 TL der Füllung geben. Mit dem restlichen Teig abdecken und mit einem Küchenrädchen Teigtaschen ausradeln. Die Ränder fest andrücken und die Teigtaschen 20 Minuten kühl stellen.

Für die Creme die Brotscheibe entrinden und in der Milch einweichen; gut ausdrücken und durch ein Sieb streichen; zusammen mit den Nüssen im Mixer oder mit dem Stabmixer pürieren. Den Joghurt hinzufügen und nochmals kurz durchmischen. Mit Cayennepfeffer und etwas Salz abschmecken. Reichlich Wasser mit Salz und Öl zum Kochen bringen, die Teigtaschen hineingeben und bei milder Hitze 3 bis 5 Minuten ziehen lassen. Mit einer Schaumkelle herausnehmen und mit der Walnusscreme servieren.

Teigtäschchen mit Gemüse-Käse-Füllung

250 g Mehl · 2 EL warme Milch · 1 Prise Zucker · Salz · 10 g Hefe · 250 g Butter · 2 Zwiebeln · 2 Knoblauchzehen, geschält · 1 rote Paprikaschote, halbiert und entkernt · 1 kleine Zucchini · 3 Tomaten · ½ TL frischer Rosmarin · 100 g Tilsiterkäse, gerieben · 2 Eigelb · Pfeffer aus der Mühle · 1 Prise Muskatnuss, gerieben

Aus Mehl, Milch, Zucker, Salz, Hefe und 200 g Butter einen Hefeteig kneten. Mit Folie umhüllt für 2 bis 3 Stunden kühl stellen. Zwiebeln, Knoblauchzehen, Paprikaschote und Zucchini in kleine Würfel schneiden. Die Tomaten blanchieren, häuten, halbieren, entkernen und klein schneiden. 5 EL Butter in einer Pfanne erhitzen, Zwiebeln und Knoblauch darin glasig dünsten. Paprika- und Zucchiniwürfel hineingeben, mit Rosmarin würzen und bei starker Hitze unter Rühren anbraten. Die Tomaten dazugeben, salzen und einige Minuten einkochen lassen. Die Gemüsemischung in eine Schüssel geben, den geriebenen Käse und 1 Eigelb unterrühren; mit Salz, Pfeffer und Muskat kräftig würzen. Den Hefeteig 2 mm dick ausrollen und zu Rechtecken von 7 x 7 cm schneiden. Die Füllung in die Mitte geben, den Teig zusammenklappen und die Ränder gut festdrücken. Mit dem restlichen verquirlten Ei bestreichen und etwa 15 Minuten im vorgeheizten Backofen bei 200 °C goldbraun backen.

Nudelmantel mit Hähnchenbrust und Gemüse

*Selbst gemachter Nudelteig (Grundrezept Seite 78) · Salz ·
1 kleiner Blumenkohl · 200 g Brokkoli · 200 g Zucchini · 2 Tomaten ·
½ l Gemüsebrühe (Instant) · 400 g Hähnchenbrust · 6 EL Butterschmalz
(z.B. Butaris) · Pfeffer aus der Mühle · Butter für die Form · 100 g Hartkäse
(z.B. Greyerzer), frisch gerieben · 1 EL Butterflöckchen*

Den Nudelteig nach Rezeptanweisung von Seite 78 zubereiten. Den Teig nach der Ruhezeit dünn ausrollen und in Teigplatten in gewünschter Größe (Quadrate oder Rechtecke) zuschneiden. Die Teigplatten kurz antrocknen lassen, in kochendem Salzwasser etwa 5 Minuten garen, abschrecken und auf ein feuchtes Tuchlegen. Alle Gemüsesorten bis auf die Tomaten putzen und waschen. Blumenkohl und Brokkoli in Röschen teilen, die Zucchini in Stifte schneiden. Die Tomaten überkreuz einritzen, mit kochend heißem Wasser überbrühen, von Stielansätzen befreien, enthäuten, entkernen und das Fruchtfleisch würfeln.

Die Gemüsebrühe zum Kochen bringen und Blumenkohl, Brokkoli und Zucchini darin 3 bis 4 Minuten vorgaren. Die Hähnchenbrust kalt abspülen, trockentupfen und in mundgerechte Stücke schneiden. Das Butterschmalz erhitzen und die Hähnchenbruststücke darin goldbraun braten. Das Fleisch mit Salz und Pfeffer würzen, die Tomaten und das restliche Gemüse dazugeben und 3 Minuten braten. Den Backofen auf 200 °C vorheizen.

Eine Auflaufform mit Butter einfetten und mit den Teigplatten auslegen. Eine Schicht Huhn-Gemüse-Mischung darauf verteilen, dann wieder Teigplatten darüber schichten. Auf diese Weise fortfahren, bis alles verbraucht ist. Zum Schluss den geriebenen Hartkäse darüber streuen, die Butterflöckchen darauf setzen und im Backofen etwa 10 Minuten überbacken.

Kalbsmedaillons auf Nudelnestern

400 g schmale Bandnudeln · Salz · 1 kleiner Blumenkohl · 4 Kalbsrückenmedaillons (à 100 g) · Pfeffer aus der Mühle · Rosmarin · Thymian · 60 g Butterschmalz zum Braten · 100 g Butter für die Nudeln und den Blumenkohl · 12 Blatt frisches Basilikum · 4 EL Semmelbrösel · 100 g Allgäuer Bergkäse, gerieben · einige Butterflöckchen

Die Nudeln in Salzwasser bissfest kochen, abgießen und warm stellen. Den Blumenkohl in Röschen teilen und in Salzwasser garen. Die Kalbsmedaillons mit Pfeffer, Rosmarin und Thymian würzen. Das Butterschmalz erhitzen und darin die Kalbsmedaillons langsam braten; mit Salz bestreuen. Die Blumenkohlröschen auf die gebratenen Kalbsmedaillons setzen. Die Butter schmelzen, das Basilikum in Streifen schneiden und beides unter die Nudeln mischen. Auf den Tellern ein Nudelnest formen.

Die Medaillons zusammen mit dem Blumenkohl auf die Nudelnester setzen. Die Semmelbrösel leicht salzen und pfeffern, mit dem geriebenen Käse vermengen und über dem Blumenkohl verteilen. Einige Butterflöckchen darauf setzen und unter dem vorgeheizten Grill so lange gratinieren, bis der Käse schmilzt und die Semmelbrösel braun werden.

Tipp: Das Gericht kann man wie beschrieben portionsweise anrichten; Sie können es aber auch in einer großen Auflaufform zubereiten.

Schwäbische Spätzle

250 g Mehl · 2 Eier · ½ TL Salz · Öl für das Kochwasser

Mehl, Eier, ⅛ Liter Wasser und das Salz zu einem glatten Teig verrühren. Der Teig soll weich, aber nicht dünnflüssig sein; wenn er langsam vom Kochlöffel abläuft, ist er richtig. Den Teig in den Behälter eines Spätzlehobels füllen und durch Hin- und Herschieben des Schlittens den Teig ins kochende Salzwasser tropfen lassen; eventuell dem Wasser ein paar Tropfen Öl beigeben. Sobald die Spätzle an der Oberfläche schwimmen, sie mit einem Schaumlöffel herausnehmen und kalt abbrausen; abtropfen lassen und sofort servieren oder anderweitig verwenden.

Spätzle mit grünen Linsen

125 g Linsen · 250 g Weizenmehl · 4 Eier · etwas Öl · Salz · 2 EL Butter ·
50 g gewürfeltes Dörrfleisch · 1 kleine Zwiebel, gewürfelt ·
Pfeffer aus der Mühle · Muskatnuss, gerieben

Die Linsen über Nacht in Wasser einweichen. Das Mehl mit den Eiern sowie 1 EL Öl verrühren und alles kräftig durcharbeiten, bis der Teig anfängt, Blasen zu werfen. Ist der Teig zu fest oder zu flüssig, Wasser oder Mehl hinzugeben. Er muss von zähflüssiger, geschmeidiger Konsistenz sein. Den Teig 15 Minuten quellen lassen. Reichlich Salzwasser zum Kochen bringen. Etwas Teig auf ein Spätzlebrett geben und mit einer Palette oder mit einem Messer schmale Streifen in das kochende Wasser schaben; aufkochen lassen. Die oben schwimmenden Spätzle mit einem Schaumlöffel herausnehmen, mit kaltem Wasser abspülen, abtropfen lassen und mit etwas Öl vermischen. Auf diese Weise den ganzen Teig verarbeiten.

Die Spätzle in 1 EL Butter erhitzen und würzen. Die Linsen abgießen und zusammen mit dem Dörrfleisch und der Zwiebel in der restlichen Butter erhitzen. Etwas Wasser hinzufügen und mit Salz, Pfeffer und Muskat abschmecken. Die Spätzle zusammen mit der Linsen-Dörrfleisch-Masse auf vorgewärmten Tellern anrichten und sofort servieren.

Spinatspätzle

200g Spinat · 3 EL Butter · 500 g Mehl · 6 Eier · 1 TL Salz

Den Spinat verlesen, waschen und in der Butter und ¼ Liter Wasser etwas vorgaren; mit dem Stabmixer im Topf pürieren. Aus Mehl, Eiern, 4 EL Wasser und Salz den Spätzleteig herstellen. Den Spinat mit dem Butter-Wasser unter den Teig rühren und diesen durch ein Sieb in kochendes Salzwasser drücken. Sobald die Spätzle oben schwimmen, mit der Schaumkelle herausnehmen und abtropfen lassen.

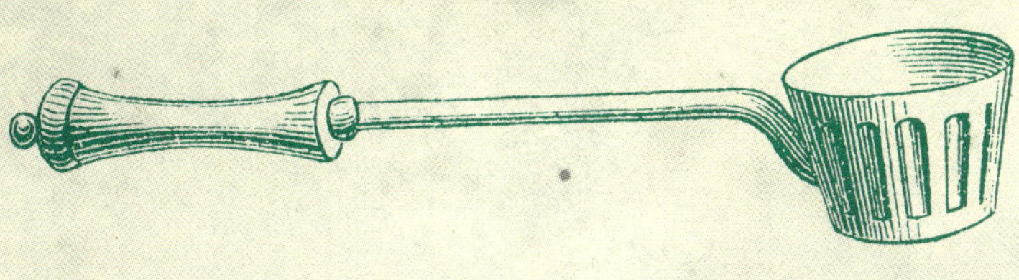

Spätzle im Eiermantel

Für die Spätzle: *500 g Mehl · 4 Eier · 2 TL Salz · 2 EL Butter · 2 EL Petersilie, gehackt* · Für den Eiermantel: *8 Eier · Salz · Muskatnuss, gerieben · 4 EL Schnittlauchröllchen · 2 EL Butter zum Braten*

Das Mehl mit den Eiern und 1 TL Salz in eine Schüssel geben, vermischen und so lange schlagen, bis der Teig Blasen wirft. Sollte er zu fest sein, 1 bis 2 EL Wasser dazugeben. Reichlich Salzwasser zum Kochen bringen. Den Teig portionsweise auf ein Spätzlebrett geben, dünn zum Brettrand streichen und mit einem Messer dünne Streifen abschneiden, die sofort in das kochende Wasser fallen. Bei geringer Hitze so lange garen, bis sie oben schwimmen. Die Spätzle mit einem Schaumlöffel aus dem Wasser heben und in kaltes Wasser legen; auf einem Sieb schütten, mit kaltem Wasser abschrecken und in erhitzter Butter und gehackter Petersilie schwenken.

Für den Eiermantel die Eier verquirlen, mit Salz und Muskat würzen und mit Schnittlauchröllchen verrühren; nach und nach in erhitzter Butter vier Omelettes backen. Darauf die Spätzle verteilen und die Eiermäntel darüber klappen.

Kässpatzn mit Mozzarella

400 g Mehl · 4 Eier · Salz · 1 EL Öl · 2 kleine Schweinefilets (600 g) · weißer Pfeffer aus der Mühle · 250 g Mozzarella (z.B. Zottarella) · 4 EL Butter · 2 Zwiebeln

Mehl, Eier, 100 ml Wasser und Salz durch kräftiges Schlagen zu einem zähflüssigen Teig verarbeiten; kurz ruhen lassen. Einen großen Topf zur Hälfte mit Wasser füllen, 1 TL Salz und das Öl dazugeben und zum Kochen bringen.

Die Schweinefilets kalt abbrausen, trockentupfen, in Scheiben schneiden und von beiden Seiten pfeffern. Den Mozzarella in Würfel schneiden.

Den Teig portionsweise in einen Spätzlehobel füllen und ins kochende Wasser hobeln. Die fertig gekochten Spätzle, die nach oben schwimmen, mit einem Schaumlöffel herausnehmen, abtropfen lassen, in eine große Auflaufform geben und warm halten.

Die Butter in einer großen Pfanne erhitzen und die Schweinefilets von beiden Seiten kräftig anbraten, salzen und zu den Spätzle in die Auflaufform geben. Darüber die Mozzarellawürfel verteilen und die Spätzle im vorgeheizten Backofen bei 200 °C etwa 5 bis 8 Minuten überbacken.

Die Zwiebeln schälen, in Ringe schneiden und in dem heißen Bratfett rösten. Die Kässpatzn mit den gerösteten Zwiebelringen belegt servieren.

Spätzle mit Puten-Zucchini-Ragout

400 g Spätzle (Grundrezept Seite 90) · 300 g Putenfleisch aus der Keule · 1 EL Sonnenblumenöl · 2 Knoblauchzehen · 1 Zwiebel · 400 g Zucchini · 1 Spritzer Zitronensaft · Salz · schwarzer Pfeffer aus der Mühle · ½ Bund Pfefferminze · 250 g Joghurt

Die Spätzle nach der Rezeptanweisung von Seite 90 zubereiten. Das Putenfleisch in kleine Würfel schneiden. In einer großen Pfanne das Öl erhitzen und darin die Putenwürfel anbraten. Knoblauch und Zwiebel schälen und klein hacken, die Zucchini klein schneiden. Das Fleisch aus der Pfanne nehmen und Zucchini, Knoblauch und Zwiebeln in der Pfanne kräftig anbraten; das Fleisch wieder hinzufügen und mit Zitronensaft, Salz und Pfeffer würzen. Die Minzeblättchen von den Stielen zupfen und in Streifen schneiden. Mit den abgetropften Spätzle mischen und diese in der Pfanne unter das Ragout mengen. Den Joghurt darauf geben und sofort servieren.

Tipp: Wer die Mühe scheut, Spätzle oder Spatzn selbst herzustellen, kann auch auf Fertigprodukte aus dem Kühlregal zurückgreifen.

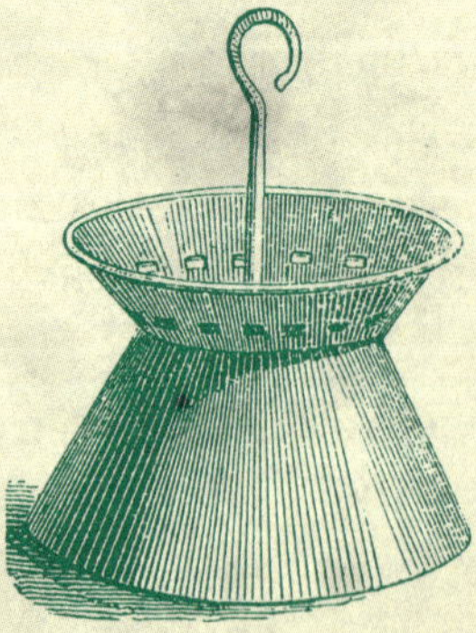

Spätzle mit Schweinegulasch

600 g Schweinefleisch · Salz · Pfeffer aus der Mühle · 3 EL Butterschmalz · 2 Zwiebeln · 4 EL Butter · ⅛ l trockener Rotwein · 6 EL eiskalte Butter · 3 EL Crème double · 1 Prise Cayennepfeffer · ½ TL Rosenpaprikapulver · 1 rote Paprikaschote · 250 g Champignons · 250 g Spätzle (Fertigprodukt aus dem Kühlregal)

Das Schweinefleisch in mundgerechte Würfel schneiden; mit Salz und Pfeffer würzen. Das Butterschmalz erhitzen und das Fleisch darin knusprig braun braten. Die Zwiebeln schälen, hacken und in 3 EL Butter glasig dünsten; zum Fleisch geben, den Rotwein angießen und bei mittlerer Hitze etwa 35 Minuten schmoren. Die kalte Butter mit dem Schneebesen unterrühren, Crème double einrühren und mit Cayennepfeffer sowie Rosenpaprika würzen.

Die Paprikaschote sorgfältig waschen, Stielansatz und Kerne entfernen und das Fruchtfleisch in feine Streifen schneiden. Die Champignons putzen, in Scheiben schneiden und mit den Paprikastreifen in der restlichen Butter dünsten. Das Gemüse mit Pfeffer und Salz würzen und kurz vor Ende der Garzeit zum Gulasch geben. Die Spätzle in reichlich Salzwasser nach Packungsanweisung bissfest garen, abtropfen lassen und mit dem Gulasch anrichten.

Spätzle mit Schweinemedaillons

2 EL getrocknete Steinpilze · ¼ l Rinderfond (aus dem Glas) · 80 g Crème double · Salz · schwarzer Pfeffer aus der Mühle · 400 g TK-Erbsen · 500 g Schweinefilet · 250 g Spätzle (Fertigprodukt aus dem Kühlregal) · 5 EL Butter

Die Steinpilze etwa 30 Minuten in lauwarmem Wasser einweichen, herausnehmen und das Einweichwasser durch ein Tuch gießen und auffangen. Die Pilze putzen und unter fließendem Wasser gründlich waschen.

Den Rinderfond zusammen mit dem Einweichwasser und den Pilzen zum Kochen bringen und auf etwa ¼ Liter reduzieren. Die Pilze herausnehmen, fein pürieren und wieder zum Fond geben. Crème double unterziehen und mit Salz und Pfeffer würzen.

Die Erbsen in wenig Salzwasser gar dünsten. Das Schweinefilet enthäuten und in fingerdicke Scheiben schneiden; mit Salz und Pfeffer würzen. Die Spätzle in reichlich kochendem Salzwasser nach Packungsanweisung garen und auf einem Sieb abtropfen lassen.

Die Butter erhitzen und darin die Medaillons etwa 1 Minute von jeder Seite braten. Die Sauce jeweils auf vorgewärmte Teller gießen, die Medaillons darauf anrichten und je eine Portion Erbsen und Spätzle dazugeben.

Tipp: Statt Schweinemedaillons, die man aus dem Schweinefilet schneidet, können Sie auch Rinderfilet in Scheiben nehmen. Diese nennt man „Tournedos“. Auch Hähnchenbrustfilet in dicken Scheiben eignet sich; es ist – genauso wie Schweinefilet – sehr schnell gar.

Spätzle mit Rouladen

4 Schweineschnitzel (à 150 g) · Pfeffer aus der Mühle · Salz ·
250 g Pflaumen ohne Stein · 150 g Äpfel, geraspelt · 1–2 EL Zitronensaft ·
3 EL Honig · 3 EL Pflanzenöl · ½ l Rindfleischbrühe (Instant) ·
250 g Spätzle (Fertigprodukt aus dem Kühlregal) ·
1–2 TL Speisestärke zum Binden

Die Schnitzel klopfen und mit Pfeffer und Salz würzen. Für die Füllung die Pflaumen fein würfeln und mit Äpfeln, Zitronensaft und Honig mischen. Die Mischung auf dem Fleisch verteilen, dieses aufrollen, dabei seitliche Ränder einschlagen und die Rouladen jeweils mit einem Metallspießchen oder Zahnstocher feststecken.

Das Öl erhitzen und die Rouladen von allen Seiten darin 5 bis 8 Minuten scharf anbraten. Mit etwas Fleischbrühe ablöschen und die Rouladen bei mittlerer Hitze zugedeckt 40 Minuten schmoren lassen; immer wieder etwas Brühe angießen.

Die Spätzle in reichlich Salzwasser nach Packungsanweisung garen und abtropfen lassen. Die Rouladen herausnehmen, einige EL Bratenfond abnehmen und mit der Stärke glatt rühren. Diese Mischung in den köchelnden Fond rühren und aufkochen lassen. Die Rouladen wieder in die Sauce geben und zusammen mit den Nudeln servieren.

Spätzle mit Kalbspaprikasch

Für 6 Personen

1,5 kg ausgelöstes Kalbfleisch (Knochen mitgeben lassen) · 3 EL Butterschmalz · 500 g Zwiebeln · 2 Knoblauchzehen · 1 EL edelsüßes Paprikapulver · Salz · weißer Pfeffer aus der Mühle · ½ TL Kümmel · ½ TL getrockneter Majoran · ¼ l trockener Weißwein · 250 g Spätzle (Fertigprodukt aus dem Kühlregal) · 200 g Crème fraîche · Rosenpaprikapulver · 1 rote Paprikaschote

Das Fleisch in Würfel mit 3 bis 4 cm Kantenlänge schneiden. Das Butterschmalz in einem Schmortopf erhitzen und das Fleisch mit den ausgelösten Knochen darin von allen Seiten scharf anbraten, bis das Fleisch schöne knusprige Ränder hat; herausnehmen und warm stellen.

Die Zwiebeln und Knoblauchzehen schälen, hacken und im Bratfett weich dünsten. Das Fleisch und die Knochen wieder dazugeben. Mit Paprika überpudern und so lange unter mehrmaligem Wenden bei mittlerer Hitze schmoren, bis alles rot überzogen ist und glänzt. Salz und Gewürze untermengen, den Wein angießen und das Fleisch gut durchrühren; zugedeckt mindestens 60 Minuten sanft schmoren lassen. 15 Minuten vor Ende der Garzeit reichlich Salzwasser zum Kochen bringen und die Spätzle darin nach Packungsanweisung garen; auf ein Sieb schütten, abtropfen lassen und warm stellen.

Die Knochen aus dem Topf nehmen. Crème fraîche einrühren und die Sauce abschmecken. Die Paprikaschote waschen, putzen, fein würfeln und in die Sauce geben. Das Kalbspaprikasch zusammen mit den Spätzle auf vorgewärmten Tellern servieren.

Spätzle mit Hasenragout

500 g Hasenkeulenfleisch · 50 g durchwachsener Räucherspeck · 1 Zwiebel · 1 Knoblauchzehe · 2 Stangen Staudensellerie · 1 große Fleischtomate · 2 EL Olivenöl · 1 EL Tomatenmark · 150 ml trockener Rotwein · 4 schwarze Pfefferkörner · 2 Lorbeerblätter · Salz · schwarzer Pfeffer aus der Mühle · 1 Msp. getrockneter Thymian · 250 g Spätzle (Fertigprodukt aus dem Kühlregal)

Das Fleisch kalt abspülen, trockentupfen und in kleine Würfel schneiden. Den Speck fein würfeln. Zwiebel und Knoblauch schälen und fein hacken. Staudensellerie putzen, waschen und würfeln. Die Fleischtomate überkreuz einritzen, mit kochend heißem Wasser überbrühen, vom Stielansatz befreien, enthäuten, entkernen und das Fruchtfleisch würfeln.

Das Olivenöl in einer großen Pfanne erhitzen und den Speck darin glasig braten. Das Fleisch dazugeben und rundherum kräftig anbraten. Die Hitze reduzieren, das Tomatenmark einrühren und kurz mitschmoren lassen. Zwiebel, Knoblauch, Staudensellerie sowie Tomatenwürfel hinzufügen und kurz mitbraten. Mit Rotwein und 150 ml Wasser ablöschen. Pfefferkörner und Lorbeerblätter hinzufügen und mit Salz, Pfeffer und Thymian würzen. Das Ragout zugedeckt bei geringer Hitze etwa 60 Minuten schmoren lassen.

Etwa 10 Minuten vor Ende der Garzeit die Spätzle nach Packungsanweisung garen, auf einem Sieb abtropfen lassen, in eine vorgewärmte Schüssel füllen und mit dem Hasenragout mischen.

Rehrücken mit Selleriepüree und Spätzle

1 Bund Suppengrün · 1 Zwiebel · 250 g Rehknochen · Salz · Pfeffer aus der Mühle · 5–6 Pfefferkörner · ½ l kräftiger Rotwein · 100 g Butter · 200 g süße Sahne · 1 Rehrücken (1,2 kg) · 500 g Knollensellerie · 5 EL süße Sahne · 600 g Spätzle (Fertigprodukt aus dem Kühlregal) · 80 g Preiselbeeren

Das Suppengrün und die Zwiebel klein schneiden. Rehknochen, Suppengrün und Zwiebel in 2 EL Butter anbraten, Salz, Pfeffer und Pfefferkörner dazugeben und mit Rotwein aufgießen; bei mittlerer Hitze etwa 30 Minuten um die Hälfte einkochen. Den Wildfond durch ein Sieb gießen, mit der süßen Sahne aufkochen und nochmals um die Hälfte reduzieren. 5 EL Butter in einem Bräter erhitzen und den Rehrücken rundherum anbraten. Im Backofen bei 220 °C 20 Minuten braten. Sellerie schälen, klein schneiden und in Salzwasser dünsten, bis er weich und das Wasser verdampft ist. 5 EL süße Sahne dazugeben und im Mixer sehr fein pürieren; die restliche Butter unterziehen. Die Spätzle in Salzwasser kochen und abgießen. Das Fleisch vom Knochen lösen, in schräge Scheiben schneiden und zusammen mit dem Selleriepüree, den Spätzle und den Preiselbeeren anrichten.

Fingernudeln

500 g Mehl · 2 Eier · 1 EL Öl · Salz · 2 EL Butter · Fett für die Pfanne

Aus Mehl, Eiern, Öl, 1 Prise Salz und der Butter einen festen Nudelteig rühren. Aus diesem Nudeln in der Größe eines kleinen Fingers formen, die an den Enden spitz zulaufen. Die Fingernudeln in kochendes Salzwasser geben. Sobald sie nach oben an die Oberfläche steigen, mit der Schaumkelle herausnehmen und abtropfen lassen. Fett in einer Pfanne erhitzen und darin die Fingernudeln auf allen Seiten gut bräunen.

Tipp: Dazu passt hervorragend Sauerkraut; oder man serviert die Nudeln als Beilage zu Fleisch- und Gemüsegerichten. Man kann sie aber auch süß essen: Dafür gibt man heiße flüssige Butter unter die Nudeln und streut Staubzucker und gemahlenen Mohn darüber.

Schinkenfleckerl

selbst gemachter Nudelteig (Grundrezept Seite 78) · 1 große Zwiebel · 250 g gekochter Schinken · 100 g Butter · 100 g süße Sahne · Salz · Pfeffer · 1 EL Petersilie, gehackt

Einen Nudelteig nach Rezeptanweisung von Seite 78 zubereiten. Den Teig nach der Ruhezeit in kleine Quadrate schneiden und diese auf einem Küchentuch zum Trocknen ausbreiten. Die Zwiebel schälen und fein hacken. Den Schinken in Würfel schneiden. Die Butter in einer Pfanne erhitzen und die Zwiebel darin glasig dünsten. Den Schinken dazugeben und unter Rühren leicht anbraten. Reichlich Salzwasser zum Kochen bringen. Die süße Sahne zum Zwiebel-Schinken-Gemisch geben und aufkochen lassen; mit Salz und Pfeffer abschmecken. Die Nudelquadrate in kochendem Salzwasser 2 bis 3 Minuten bissfest garen, auf ein Sieb schütten, abtropfen lassen und zur Schinken-Sahne-Sauce geben. Alles gut vermengen und die Fleckerl leicht anbraten. Zum Schluss die Petersilie unterrühren und das Gericht sofort servieren.

Krautfleckerl

½ Menge selbst gemachter Nudelteig (Grundrezept Seite 78) · 500 g Weißkraut · 2 Zwiebeln · 2 EL Zucker · 2–3 EL Essig · 40 g Schweineschmalz · ⅛ l trockener Weißwein · ⅛ l Rindfleischbrühe (Instant) · Salz · schwarzer Pfeffer aus der Mühle

Die halbe Menge vom selbst gemachten Nudelteig nach Rezeptanweisung von Seite 78 zubereiten. Den Teig nach der Ruhezeit in kleine Quadrate schneiden und diese auf einem Küchentuch zum Trocknen ausbreiten.

Das Weißkraut putzen, aus den Blättern die Blattrippen herausschneiden, diese in 1 x 1 cm große Quadrate schneiden und waschen. Die Zwiebeln schälen und fein hacken. Den Zucker mit etwas Wasser in einem Topf schmelzen und unter Rühren so lange kochen, bis er zu karamellisieren beginnt. Mit dem Essig ablöschen und diesen einkochen lassen, bis er fast verdampft ist.

Das Schmalz dazugeben und die Zwiebeln darin glasig dünsten. Das Kraut dazugeben, mit Weißwein und Fleischbrühe aufgießen, salzen, pfeffern und zugedeckt etwa 40 Minuten dünsten; bei Bedarf immer wieder Fleischbrühe nachgießen. Das Kraut soll eine schöne braune Farbe annehmen und bissfest sein.

Die Nudelfleckerl in reichlich kochendem Salzwasser etwa 2 bis 3 Minuten bissfest garen, auf ein Sieb schütten, abtropfen lassen und in eine vorgewärmte Schüssel füllen. Das Kraut hinzufügen und mit den Fleckerln vermengen; eventuell mit Salz und Pfeffer nachwürzen.

Teigtaschen mit Fischfüllung

selbst gemachter Nudelteig (Grundrezept Seite 78) · Für die Füllung:
*250 g küchenfertige Schollenfilets · 2 TL Zitronensaft · 7 kleine Zwiebel ·
2 EL Butter · 72 Bund Petersilie · 2 Blätter Salbei · je 50 g geriebener Sbrinz
und Emmentaler · 150 g Sahnequark · weißer Pfeffer · Salz* · Außerdem:
*1 Eiweiß für die Ränder · Mehl für das Küchentuch · 1 TL Salz ·
1 EL Öl · 2 Blätter Salbei · 40 g Butter Salz*

Einen Nudelteig nach Rezeptanweisung von Seite 78 zubereiten. Den Teig zur Kugel formen. Eine Edelstahlschüssel heiß ausspülen und naß über die Teigkugel stülpen. Den Teig 30 Minuten unter der feuchtheißen Schüssel ruhen lassen.

Die Schollenfilets kalt abbrausen, trockentupfen und zusammen mit dem Zitronensaft pürieren. Die Zwiebeln schälen und fein würfeln. Die Butter erhitzen und die Zwiebelwürfel darin glasig dünsten. Die Kräuter waschen, trockentupfen und fein hacken. Pürierte Fischfilets, Zwiebelwürfel, Käse und Kräuter unter den Sahnequark mischen, mit Pfeffer und Salz würzen. Den Nudelteig auf einer bemehlten Arbeitsfläche dünn ausrollen und mit einem runden Förmchen Plätzchen ausstechen. Auf die Hälfte der Plätzchen die Schollenmasse verteilen, dabei den Rand freilassen und diesen mit verquirltem Eiweiß bestreichen. Die übrigen Plätzchen auf die „gefüllten" setzen und die Ränder fest andrücken. Die Teigtaschen auf ein bemehltes Küchentuch legen und etwas antrocknen lassen. 4 Liter Salzwasser zum Kochen bringen, das Öl hinzufügen und die Teigtaschen portionsweise bei schwacher Hitze etwa 5 Minuten köcheln lassen; sobald sie an die Oberfläche steigen mit einer Schaumkelle herausnehmen und gut abgetropft auf vorgewärmte Teller geben. Den Salbei waschen, trockentupfen und fein hacken. In der Butter kurz dünsten, die Salbeibutter mit etwas Salz abrunden und über den Teigtaschen verteilen.

Nudelsalate

Bunter Nudelsalat

250 g bunte Nudeln (z.B. „Paradiesnudeln“ von 3 GLOCKEN) · Salz · 1 EL Öl · 300 g zarter Lauch · 1 rote Paprikaschote · 300 g Mortadella, in Scheiben · 1 EL süßer Senf · weißer Pfeffer aus der Mühle · Zucker · 1 Spritzer flüssige Speisewürze (z.B. Maggi) · ½ TL getrocknetes Basilikum · 3–4 EL Weißweinessig · 3–4 EL Sonnenblumenöl

Die Nudeln in reichlich Salzwasser zusammen mit dem Öl nach Packungsanweisung bissfest garen; auf ein Sieb schütten, abschrecken und gut abtropfen lassen.

Den Lauch putzen, gründlich waschen und in schmale Ringe schneiden. Den Lauch in kochendem Salzwasser 3 Minuten blanchieren, abgießen, abschrecken und abkühlen lassen.

Die Paprikaschote waschen, vierteln, die Kerne und Innenwände entfernen und das Fruchtfleisch in feine Streifen schneiden. Die Mortadella in Rauten schneiden und in eine Schüssel geben. Die Paprikastreifen, die Nudeln und den Lauch dazugeben und alles gut vermischen.

Den Senf zusammen mit Pfeffer, Salz, 1 Prise Zucker und der Speisewürze verrühren und unter den Salat mischen; 10 Minuten durchziehen lassen und vor dem Servieren eventuell nochmals nachwürzen.

Pikanter Nudelsalat

500 g Spiralnudeln (z.B. von Buitoni) · Salz · 2 EL Olivenöl · 750 g Eiertomaten · 250 g Mozzarella · 100 g schwarze Oliven · 1 Bund Basilikum · 1 Knoblauchzehe · schwarzer Pfeffer aus der Mühle · 1 EL Balsamessig · Olivenöl für die Marinade

Die Nudeln in reichlich kochendem Salzwasser bissfest garen, auf einem Sieb abtropfen lassen und zum Abkühlen mit kaltem Wasser abschrecken; zusammen mit dem Öl in eine große Schüssel geben. Die Tomaten waschen, die Stielansätze herausschneiden und das Fruchtfleisch würfeln. Den Mozzarella abtropfen lassen und in kleine Würfel schneiden. Die Oliven entkernen, große Oliven eventuell halbieren. Das Basilikum waschen, trockenschleudern, die Blätter von den Stielen zupfen und grob hacken; kleine Blättchen ganz lassen. Den Knoblauch schälen und eine Salatschüssel damit ausreiben. Alle Zutaten in die Schüssel geben und gründlich darin vermischen. Den Nudelsalat mit Salz und Pfeffer würzen, den Essig unterrühren und nach Geschmack Olivenöl darunter mischen.

Makkaroni-Gemüse-Salat

250 g Makkaroni · Salz · 300 g Möhren · 400 g Zucchini · 200 g gekochter Schinken in dünnen Scheiben · 1 Eigelb · weißer Pfeffer aus der Mühle · 1 Msp. Ingwerwurzel, frisch gerieben · 1 TL abgeriebene Schale von 1 unbehandelten Zitrone · 1 EL Zitronensaft · 100 ml Pflanzenöl · 150 g Vollmilchjoghurt

Die Makkaroni einmal durchbrechen und in reichlich kochendem Salzwasser bissfest garen. Die Nudeln abgießen, mit kaltem Wasser abschrecken, auf einem Sieb abtropfen lassen und in eine Schüssel geben. Die Möhren schälen, die Zucchini waschen und putzen. Das Gemüse in dünne, lange Stifte schneiden. 2 Liter Salzwasser aufkochen lassen und die Möhrenstifte darin etwa 3 Minuten blanchieren. Nach 2 Minuten Blanchierzeit die Zucchinistifte dazugeben. Das Gemüse auf einem Sieb gut abtropfen lassen und zu den Makkaroni geben. Den Schinken in feine Streifen schneiden und zu den Nudeln geben. Alles vorsichtig mischen. Das Eigelb mit etwas Salz, Pfeffer, Ingwer, Zitronenschale und Zitronensaft in einem hohen Gefäß verrühren. Das Öl im dünnen Strahl mit einem Schneebesen darunter schlagen. Zum Schluss den Joghurt unter die Sauce rühren und diese würzig abschmecken. Die Sauce über den Nudelsalat geben und alles vorsichtig mischen.

Nudelsalat mit Putenfleisch

250 g kurze Nudeln (z.B. „Schleifchennudeln" von 3 GLOCKEN) · Salz · 3–4 EL Öl · 300 g TK-Erbsen · 300 g Putenbrust · weißer Pfeffer aus der Mühle · 250 g Tomaten · 2 EL leichte Salatmayonnaise (Fertigprodukt) · 150 g Vollmilchjoghurt · 4 EL süße Sahne · 3 EL Tomatenketchup · 2 EL Portwein Zucker

Die Nudeln in reichlich sprudelndem Salzwasser mit 1 EL Öl nach Packungsanweisung bissfest garen. In einem anderen Topf die Erbsen nach Packungsanweisung garen. Das Putenfleisch in feine Streifen schneiden. Das restliche Öl in einer beschichteten Pfanne erhitzen und das Fleisch darin rundherum gut anbraten; mit Pfeffer und Salz würzen.

Die Erbsen abgießen, abschrecken und abkühlen lassen. Die Tomaten überkreuz einritzen, mit kochendem Wasser überbrühen, enthäuten, halbieren, Stielansätze und Kerne entfernen und das Fruchtfleisch in Streifen schneiden.

Die Nudeln abgießen, abschrecken und gut abtropfen lassen. Nudeln, Erbsen, Fleisch- und Tomatenstreifen in einer Schüssel locker vermengen.

Für die Sauce die Mayonnaise mit Joghurt, süßer Sahne, Ketchup und Portwein verrühren; mit Pfeffer, Salz und 1 Prise Zucker abschmecken. Die Sauce unter den Salat heben und 10 Minuten durchziehen lassen.

Tipp: In den Salat passt außer Erbsen natürlich auch anderes Gemüse: Sehr fein schmeckt der Salat mit grünen Spargelspitzen, kleinen Brokkoliröschen und Zuckerschoten (in schräge Streifen bzw. Rauten geschnitten).

Nudelsalat mit Schinken und Käse

200 g Roggennudeln · Salz · etwas Öl · 125g roher Schinken · 125g Emmentaler · 1 kleine Zwiebel · schwarzer Pfeffer aus der Mühle · Essig · Salatöl

Die Roggennudeln in reichlich Salzwasser bissfest kochen, abgießen, abschrecken und mit etwas Öl vermischen. Den Schinken und den Emmentaler in dünne Streifen schneiden und in eine Schüssel geben. Die Zwiebel schälen, halbieren, zuerst in Streifen und dann in feine Würfel schneiden. Alle Zutaten in eine Schüssel geben, nach Geschmack mit Salz und Pfeffer würzen, zuletzt nach Belieben Essig und Salatöl darüber gießen und unterheben.

Bandnudelsalat mit Kräutersahne

Für die Salatsauce: *1 Bund gemischte frische Kräuter der Saison · 100 g Crème fraîche · 5 EL süße Sahne · 1 EL Öl · Zitronensaft · Salz · Pfeffer aus der Mühle* · Für den Salat: *200 g Bandnudeln · Salz · etwas Öl · 1 kleiner Lollo Rossa · 1 kleiner Eichblattsalat*

Für die Sauce die Kräuter kalt abbrausen, mit Küchenpapier trockentupfen und fein schneiden. Zwei Drittel der Kräutermenge mit Crème fraîche, süßer Sahne und etwas Öl vermischen; nach Geschmack mit Zitronensaft, Salz und Pfeffer würzen. Die Nudeln in kochendem Salzwasser bissfest garen, abgießen, abschrecken und mit etwas Öl vermischen. Die restlichen Kräuter mit den Nudeln vermischen und mit Salz und Pfeffer abschmecken. Lollo Rossa und Eichblattsalat putzen, waschen und trockenschleudern. Die Salatblätter in mundgerechte Stücke teilen. Die Nudeln auf vorgewärmte Teller geben, in die Mitte einige Salatblätter setzen und die Sauce über die Salatblätter träufeln.

Vollkornnudelsalat

250 g Vollkornnudeln · Salz · 120 g gekochter Schinken · 150 g Möhren · 150 g TK-Erbsen · 150 g Vollmilchjoghurt · 150 g saure Sahne · 2 EL Öl · 1 EL Essig oder Zitronensaft · Pfeffer aus der Mühle · 2 EL Kräuter (z.B. Petersilie, Schnittlauch und Basilikum), gehackt

Die Vollkornnudeln in reichlich kochendem Salzwasser etwa 10 Minuten bissfest garen, mit kaltem Wasser abschrecken, auf einem Sieb abtropfen lassen und in eine Schüssel geben.

Den Schinken in Streifen schneiden. Die Möhren schälen, in Scheiben schneiden und zusammen mit den Erbsen in etwas Salzwasser 3 bis 5 Minuten dünsten. Das Gemüse zu den Nudeln geben und vorsichtig unterheben. Die Schinkenstreifen darüber verteilen.

Den Joghurt mit saurer Sahne, Öl und Essig oder Zitronensaft in einer Schüssel mit dem Schneebesen gut verschlagen. Salz, Pfeffer sowie Kräuter hinzufügen, die Sauce nochmals gut durchrühren und zum Nudelsalat geben.

Nudelsalat mit Mais

250 g Nudeln, kurz gekocht · 200 g Mais (aus der Dose) · 200 g Frühstücksspeck · 1 Bund Radieschen · ½ Salatgurke · 4 Eier, hart gekocht · Französische Saltsauce (Fertigprodukt)

Die gekochten Nudeln mit den Maiskörnern (vorher abtropfen lassen), dem fein geschnittenen Frühstücksspeck, den in Scheiben geschnittenen Radieschen, der gewürfelten Salatgurke und den gehackten Eiern mischen. Den Salat mit der fertigen Salatsauce anrichten.

Spätzlesalat mit Schollenfilet

je 200 g Spätzle und Spinatspätzle (Fertigprodukte aus dem Kühlregal) · Salz · 480 g Schollenfilet · Pfeffer aus der Mühle · ½ Stange Lauch · 50 g Knollensellerie · 1 kleine Möhre · ½ Bund Basilikum · 1 Knoblauchzehe · 150 ml Traubenkernöl · 100 ml Balsamessig

Die Spätzle nach Packungsanweisung in Salzwasser bissfest kochen, abtropfen lassen und kalt abschrecken. Das Schollenfilet kalt abspülen, trockentupfen und in schräge Streifen schneiden. Mit Salz und Pfeffer würzen und in Wasser gar dünsten; den Fischsud aufbewahren. Den Lauch waschen, putzen und würfeln. Sellerie und Möhre schälen und fein würfeln. Das Gemüse in kochendem Salzwasser 2 bis 3 Minuten blanchieren. In Eiswasser abschrecken. Das Basilikum waschen, trockenschleudern, die Blätter von den Stielen zupfen und fein hacken. Kleine

Blättchen ganz lassen und beiseite legen. Knoblauch schälen und fein hacken. Aus Traubenkernöl, Essig, Basilikum, Knoblauch, Salz, Pfeffer und etwas Fischsud eine Salatsauce zubereiten.

In einer Schüssel Spätzle und Fischfiletstreifen mischen. Die Salatsauce hinzufügen und alles locker mischen. Den Salat mit Basilikumblättchen garnieren.

Nudelsalat mit Thunfisch

250 g Bandnudeln, gekocht · 1 Dose Thunfisch (ca. 185 g) ·
1 Bund Petersilie, gehackt · 2 Stangen Staudensellerie mit Grün ·
1 Fenchelknolle mit Grün · 1 Möhre, geraspelt · 2 Tomaten ·
2 EL Kapern · 250 ml Kräuterdressing (Fertigprodukt)

Die Bandnudeln mit dem abgetropften, zerpflückten Thunfischfleisch mischen. Dazu die Petersilie, die in Scheiben geschnittene Bleichsellerie, die gehackten Sellerieblätter, die fein gewürfelte Fenchelknolle mit dem fein geschnittenen Grün, die Möhre, die enthäuteten und fein gewürfelten Tomaten sowie die Kapern dazugeben. Die Salatzutaten mit Kräuterdressing mischen.

Tipp: Nehmen Sie schmale Bandnudeln. Sie eignen sich sehr gut für bunte Salate, die aus zahlreichen Zutaten gemischt werden. Man kann dann alles besser miteinander vermengen, ohne dass die Zutaten durch „schwere" Nudeln zusammenkleben. Statt des Fertigdressings können Sie aus frischen Kräutern, Senf, Joghurt und etwas Sonnenblumenöl auch leicht selbst ein individuelles Dressing zubereiten.

Nudelsalat mit Muscheln

Für das Dressing: *2 Eigelb, hart gekocht · 1 rohes Eigelb · 3 EL Kräuteressig · 3 EL Olivenöl · 125 g süße Sahne · 2 Knoblauchzehen · Salz · schwarzer Pfeffer aus der Mühle* · Für den Salat: *250 g Nudeln · Salz · 1 kg Venusmuscheln mit Schale · 1 kg Miesmuscheln · 1 Bund Suppengrün · 2 Zwiebeln · 1 Bund Petersilie · ½ l trockener Weißwein · 250 g TK-Tintenfische · 2 große Salbeiblätter · 1 Stängel Rosmarin · ¼ TL Thymian · ¼ l Tomatensaft · 100 g Garnelen · ½ Bund Basilikum · 1 EL Kapern*

Für die Sauce die hart gekochten Eigelbe durch ein Sieb streichen, das rohe Eigelb damit vermischen, Essig, Öl und süße Sahne hinzufügen; alles cremig verrühren. Die geschälten, durch die Presse gedrückten Knoblauchzehen dazugeben und nach Geschmack mit Salz und Pfeffer würzen.

Die Nudeln in sprudelndem Salzwasser bissfest garen und abtropfen lassen. Die Venus- und die Miesmuscheln unter fließendem Wasser abbürsten. Muscheln, die schon geöffnet sind, wegwerfen.

Das Suppengrün waschen, putzen und grob hacken. Die Zwiebeln schälen und achteln. Die Petersilie abbrausen und trockentupfen. Alles in einem großen Topf zusammen mit dem Wein zum Kochen bringen. Die Muscheln hinzufügen, im geschlossenen Topf 10 Minuten kochen und abgießen. Geschlossene Muscheln nun ebenfalls entfernen; aus den übrigen das Muschelfleisch herauslösen.

Die aufgetauten Tintenfische abspülen und in mundgerechte Stücke schneiden. Salbei, Rosmarin und frischen Thymian abbrausen, zusammen mit den Tintenfischen in den Tomatensaft geben und aufkochen lassen. Die Tintenfische zugedeckt 15 Minuten schmoren; den Saft abgießen. Die Garnelen kurz kalt abspülen und gut abtropfen lassen.

Alle Salatzutaten mit der Sauce vermischen. Das Basilikum abspülen, trockentupfen und die Blättchen von den Stielen zupfen; zusammen mit den Kapern auf den Salat streuen.

Süße Nudelgerichte

Topfennudeln

100 g Butter · 5 EL Zucker · 2 Eier · 40 g Hefe · 3 EL Milch · 400 g Quark · 300 g Mehl · 50 g Rosinen · Salz · Fett für die Reine

Die Butter, 4 EL Zucker und die Eier schaumig rühren. Die Hefe in der Milch auflösen und den restlichen Zucker dazugeben. Den Quark, das Mehl, die Rosinen und das Salz hinzufügen und unter die Butter-Zucker-Eier-Masse heben. Den Teig kurz durchschlagen und zum Gehen warm stellen. Mit einem Esslöffel Nudeln abstecken und diese in eine gut eingefettete Reine legen. Im Backofen bei 200 °C etwa 30 Minuten goldbraun überbacken.

Maultaschen mit Zwetschgenkompott

Für den Nudelteig: *200 g Mehl · 3 Eier · Salz ·*
Für die Füllung: *100 g Butter · 4 EL Zucker · abgeriebene Schale und Saft von ½ unbehandelten Zitrone · 2 Eigelb · 1 EL Rum · 400 g Quark · 20 g Marzipan · 5 EL Semmelbrösel · Für die Brösel: 5 EL Butter · 5 EL Zucker · 100 g Semmelbrösel ·* Außerdem: *Puderzucker zum Bestäuben*

Aus Mehl, 2 Eiern, 4 EL Wasser und Salz einen Nudelteig zubereiten. Für die Füllung Butter mit Zucker, Zitronenschale und -saft schaumig rühren. Eigelbe, Rum, Quark und Marzipan dazumischen, die Semmelbrösel beimengen und etwa 30 Minuten ruhen lassen. Den Nudelteig dünn ausrollen und in zwei Teile schneiden. Das restliche Ei verquirlen und damit den Teig bestreichen. Die Füllung in einen Spritzsack mit Lochtülle einfüllen und kleine Tupfen auf eine Teighälfte spritzen. Mit der anderen Teighälfte belegen, die Zwischenräume festdrücken und die Maultaschen mit einem Teigrand ausschneiden. Wasser zum Kochen bringen und die Maultaschen etwa 4 Minuten gar ziehen lassen. Die Butter aufschäumen lassen, Semmelbrösel und Zucker dazugeben und langsam unter Rühren bräunen lassen. Die Butter-Brösel-Mischung über die fertigen Maultaschen geben und mit Puderzucker bestäuben.

Überbackene Quarknudeln

⅛ l Milch · Salz · 150 g Bandnudeln · 1 Ei · 3 EL Honig · 2 EL Butter · abgeriebene Schale von 1 unbehandelten Zitrone · 125 g Speisequark · 40 g Rosinen · Butter für die Form · 2 EL Butterflöckchen

Die Milch mit 1 Prise Salz zum Kochen bringen, Nudeln einfüllen und 10 Minuten langsam gar kochen, bis die Milch aufgesogen ist.

Das Ei trennen und das Eigelb mit Honig und Butter schaumig rühren. Zitronenschale, Speisequark und die gewaschenen und gut abgetrockneten Rosinen hinzugeben; alles gut vermischen. Die abgekühlten Nudeln in die Masse geben. Das Eiweiß steif schlagen und unterheben.

Eine Auflaufform mit Butter einfetten, die Nudel-Quark-Masse einfüllen und darüber die Butterflöckchen verteilen; im Backofen auf der mittleren Einschubleiste bei 180 °C etwa 30 Minuten überbacken.

Tipp: Die Masse kann man auch portionsweise ausbacken, zum Beispiel in kleinen Formen oder in einem Muffinblech. Das Blech hat Vertiefungen für sechs Portionen; nach dem Backen werden die Portionen einfach auf die Teller gestürzt. Dazu passt Kirschkompott, Rote Grütze oder Apfelmus.

Nudelauflauf mit Aprikosen

250 g Eiernudeln · Salz · 1 EL Butter ·
1 Dose Aprikosen (850 ml, 480 g Abtropfgewicht) · 2 EL Honig ·
Butter für die Form · Kokosraspel · 75 g Butter · etwas Zucker

Die Nudeln in leicht gesalzenem Wasser bissfest garen; gut abtropfen lassen und die Butter unterrühren. Die Aprikosen gut abtropfen lassen, im Mixer oder mit dem Stabmixer pürieren und mit dem Honig vermischen.

Den Boden einer gut ausgebutterten Auflaufform mit Nudeln belegen, darauf das Aprikosenpüree verteilen und das Ganze wieder mit Nudeln abdecken.

Die Kokosraspeln in einer Pfanne mit wenig Butter und etwas Zucker goldbraun rösten und über den Auflauf streuen; im Backofen kurz überbacken.

Süße Milchknöpfle

Für den Teig: *½ l Milch · 3 EL Butter · Salz · 125 g Mehl · 6 Eier ·*
Für die Sauce: *1 l Milch · 3 Eigelb · 5 EL Zucker ·*
1 Pck. Vanillezucker

Die Milch mit Butter und Salz zum Kochen bringen, den Topf von der Kochstelle nehmen und das Mehl und die Eier auf einmal hineingeben.

Alles zu einem glatten Kloß verrühren und diesen unter Rühren etwa 1 Minute erhitzen, bis sich der Kloß vom Topf löst. Den Teig etwas auskühlen lassen; nach und nach die Eier mit einem Holzlöffel unterrühren.

Für die Sauce 4 EL Milch abnehmen und beiseite stellen. Die restliche Milch zum Kochen bringen. Mit einem Teelöffel aus dem Teig Klößchen abstechen und in die heiße Milch legen. Bei geringer Hitze etwa 5 Minuten köcheln lassen; weitere 5 Minuten ziehen lassen. Die „Knöpfle" mit einem Schaumlöffel aus der Milch nehmen und in eine Schüssel geben. Die Eigelbe mit der beiseite gestellten Milch verrühren und mit der heißen Milch vermischen; nicht mehr kochen. Mit Zucker und Vanillezucker süßen und die Sauce zu den Milchknöpfle servieren.

Sauerkirschspätzle

200 g Spätzle (Fertigprodukt aus dem Kühlregal) · Salz · 2 EL Zucker ·
1 Glas Sauerkirschen · ½ Stange Zimt · 2 EL Speisestärke ·
2 EL Mandelblättchen, leicht angeröstet

Die Spätzle in reichlich kochendem Wasser unter Zugabe von etwas Salz und Zucker 15 Minuten garen; auf ein Sieb gießen, kalt abschrecken, in eine vorgewärmte Schüssel geben und warm stellen. Die Sauerkirschen mit der Zimtstange in einen Topf geben und kurz aufkochen lassen. Mit der in etwas Kirschsaft angerührten Speisestärke binden; die Zimtstange herausnehmen. Die Sauerkirschen über die Spätzle gießen und mit den Mandelblättchen bestreuen.

Nudeltaschen auf Mohnsahne

200 g Mehl · 2 Eier · 1 EL flüssige Butter · 200 g Frischkäse · 1 Eigelb · 500 g Zucker · 1 Vanillesaucenpulver · 150–200 g frische gemischte Beeren · 1½ l Milch · 1 dünn abgezogene Schale von 1 unbehandelten Zitrone · 1 Vanilleschote · 250 g süße Sahne · 1 Pck. Vanillezucker · 2–3 EL Rum · 3 EL Mohn, gemahlen

Mehl, Eier und Butter mischen und mit den Händen zu einem glatten Nudelteig kneten; in Frischhaltefolie wickeln und 30 Minuten ruhen lassen. Frischkäse, Eigelb, Zucker und Saucenpulver verrühren. Verlesene und gewaschene Beeren unterheben. Den Nudelteig auf einer bemehlten Arbeitsfläche dünn ausrollen. Kreise (12–13 cm Ø) ausstechen. Jeweils 1 EL Füllung auf die Mitte setzen, die Teigränder mit Eiweiß bepinseln, über der Füllung zur Mitte zusammenholen und die Ränder festdrücken. Milch, Zitronenschale und die aufgeschlitzte Vanilleschote aufkochen lassen. Die Nudeltaschen nacheinander in etwas Milch 5 bis 7 Minuten simmern lassen, herausnehmen, abtropfen lassen und auf Desserttellern anrichten. Sahne, Vanillezucker und Mohn aufkochen, mit Rum verfeinern und zusammen mit den Nudelteigtaschen servieren.

Süßer Nudelpudding

½ l Milch · 200 g Fadennudeln · 5 EL Butter · 2 Eier · 100 g Zucker · 1 Pck. Vanillezucker · 1 Msp. Zimt · etwas abgeriebene Schale von 1 unbehandelten Zitrone · 100 g Haselnüsse, gemahlen

Die Milch zum Kochen bringen, die Fadennudeln hineingeben und bei geringer Hitze so lange quellen lassen, bis die Milch aufgesogen ist; zwischendurch mehrmals umrühren. Den Nudelbrei erkalten lassen. Die Butter schaumig rühren, Eigelbe, Zucker, Vanillezucker, Zimt und abgeriebene Zitronenschale dazugeben und so lange rühren, bis eine weißcremige Masse entstanden ist. Die Eiweiße getrennt steif schlagen. Die Eicreme unter den Nudelbrei rühren und den Eischnee sowie die Haselnüsse darüber geben; alles locker vermischen. Die Masse in eine gut gefettete Puddingform füllen. Den Deckel fest verschließen und den Nudelpudding in leicht kochendem Wasserbad etwa 60 Minuten garen. Den Pudding vor dem Stürzen 10 Minuten in der geöffneten Form lassen. Den Pudding auf eine vorgewärmte Platte stürzen und in Scheiben schneiden.

Rohrnudeln mit Vanillesauce

1 Würfel Hefe · 270 ml Milch · 500 g Mehl · Mehl für die Arbeitsfläche · 90 g Zucker · 2 Eier · 8 Eigelb · 220 g Butter · 1 Prise Salz · Mark von 1 Vanilleschote · 1 EL Rum · abgeriebene Schale von 1 unbehandelten Zitrone · 100 g Himbeermark (Fertigprodukt) · Puderzucker zum Bestäuben

Die Hefe in 85 ml lauwarmer Milch mit 100 g Mehl und 3 EL Zucker glatt rühren; zugedeckt gehen lassen. Eier, 3 Eigelbe, 60 ml Milch und das restliche Mehl dazukneten; nach und nach 120 g handwarme Butter, Salz, Vanillemark, Rum sowie Zitronenschale hinzugeben; 20 Minuten gehen lassen. Den Teig in drei Teile schneiden, durcharbeiten und dünn auf einer bemehlten Arbeitsfläche ausrollen. Kreise von 3 cm ausstechen. Eine feuerfeste Form dick mit 80 g Butter ausstreichen. Die Teigkreise mit Himbeermark füllen und die Ränder schließen. Die kleinen Teigballen dicht nebeneinander in die Form legen und zugedeckt nochmals gehen lassen. Die Rohrnudeln nun großzügig mit Butter einstreichen und in etwa 15 bis 20 Minuten bei 180 °C braun backen. Für die Sauce 125 ml Milch mit der Vanilleschote aufkochen. 60 g Zucker und 5 Eigelbe gut verrühren. Die gekochte Milch unter ständigem Rühren in die Eimasse einlaufen lassen; im Wasserbad erhitzen, bis sie dicklich wird. Die Sauce zu den Rohrnudeln reichen.

Rezeptverzeichnis

Allgäuer Nudelgratin 55
Alpler Maggeronen 57
Badische Nudeln
mit Sahnepilzen 24
Bandnudeln mit Champignons, bunte 28
Bandnudeln mit Hackfleisch, Linsen und Mais 17
Bandnudeln mit Käsesauce 13
Bandnudeln mit Kräutern 20
Bandnudeln mit Kürbis 22
Bandnudeln mit Meeresfrüchten 30
Bandnudeln mit Muscheln 32
Bandnudeln
mit Nusssauce, breite 34
Bandnudeln mit Spinatsauce 19
Bandnudelsalat
mit Kräutersahne 108
Blitz-Nudeltopf 45
Bohnensuppe mit Nudeln 47
Fingernudeln 100
Fischsuppe mit bunten Nudeln 48
Frühlingslasagne 72
Gaisburger Marsch 46
Geflügel-Gemüse-Suppe 44
Gemüse-Nudel-Suppe 41
Hackfleisch-Gemüse-Pfanne
mit Bandnudeln 77
Kalbsmedaillons
auf Nudelnestern 89
Kässpatzn mit Mozzarella 93
Kräuternudeln
mit marinierten Pilzen 27
Kräutersuppe mit Fadennudeln 43
Krautfleckerl 102
Landfrauenauflauf 54
Leberspätzlesuppe 36
Makkaroni-Blumenkohl-Auflauf 67
Makkaroni-Bohnen-Eintopf 49
Makkaroni-Gemüse-Salat 106
Makkaroniauflauf 53
Makkaroni
mit Hackfleischsauce 16
Makkaroni mit Spinat
und Fleischbällchen 56
Makkaroni
mit Trüffel-Steinpilz-Sauce 29
Mammas Lasagne 70
Maultaschensuppe mit Lachs 40
Maultaschen mit Dörrfleisch 81

Maultaschen mit Fischfüllung
in Buttersauce 84
Maultaschen mit Fleischsauce 82
Maultaschen mit Kalbsleber 83
Maultaschen
mit pikanter Füllung 80
Maultaschen
mit Zwetschgenkompott 115
Milchknöpfle, süße 118
Nudel-Gemüse-Eintopf
mit Schinken 42
Nudel-Gemüse-Auflauf 60
Nudel-Pilz-Auflauf 66
Nudel-Pilz-Auflauf
mit Weinkäse 65
Nudelauflauf
mit Aprikosen 117
Nudelauflauf
mit buntem Gemüse 61
Nudelauflauf
mit Lachs und Mozzarella 74
Nudelauflauf mit Spargel 62
Nudelauflauf mit Spinat 58
Nudelauflauf mit Thymian 73
Nudelauflauf mit Weißkraut 68
Nudeleintopf mit Garnelen 50
Nudeleintopf mit Rindfleisch
und Rosenkohl 46
Nudelgratin
mit Erbsen und Schinken 59
Nudelgratin mit Hackfleisch 64
Nudelmantel mit Hähnchenbrust
und Gemüse 88
Nudeln mit Champignons,
pikante 26
Nudeln nach Bauernart 52
Nudelpastete 63
Nudelpfanne mit Steinpilzsauce 75
Nudelpfannkuchen 71
Nudelpudding, süßer 120
Nudelrolle, gefüllte 31
Nudelsalat, bunter 104
Nudelsalat, pikanter 105
Nudelsalat mit Mais 110
Nudelsalat mit Muscheln 112
Nudelsalat mit Putenfleisch 107
Nudelsalat
mit Schinken und Käse 108
Nudelsalat mit Thunfisch 111
Nudelsuppe 38
Nudeltaschen auf Mohnsahne 119
Nudelteig, selbst gemachter 78
Pfannengemüse mit Hähnchenfleisch
und Nudeln 76
Pfannkuchensuppe 36
Quarknudeln, überbackene 116
Rehrücken mit Selleriepüree
und Spätzle 100
Rohrnudeln mit Vanillesauce 121
Sauerkirschspätzle 118
Schinkenfleckerl 101
Schwäbische Flädlesuppe 37

Schwäbische
Maultaschensuppe 39
Schwäbische Spätzle 90
Spaghettiomelette 69
Spaghetti mit Bohnenpüree 23
Spaghetti mit Gorgonzola 14
Spaghetti mit Pesto 21
Spaghetti mit Pfifferlingen 25
Spaghetti
mit Salbei-Schinken-Sauce 18
Spaghetti mit Tomatensauce 12
Spaghetti
mit Tomaten und Mozzarella 18
Spaghetti mit Zitronensauce 15
Spätzlesalat mit Schollenfilet 110
Spätzle im Eiermantel 92
Spätzle mit grünen Linsen 90
Spätzle mit Hasenragout 99
Spätzle mit Kalbspaprikasch 98
Spätzle
mit Puten-Zucchini-Ragout 94
Spätzle mit Rouladen 97
Spätzle mit Schweinegulasch 95
Spätzle mit Schweinemedaillons 96
Spinatspätzle 91
Spiralnudeln
mit Käse-Nuss-Sauce 34
Spiralnudeln mit Nusssauce 33
Teigtäschchen
mit Gemüse-Käse-Füllung 87
Teigtäschchen mit Walnusssauce 85
Teigtaschen
mit Fischfüllung 103
Teigtaschen mit Spinatfüllung
und Walnusscreme 86
Tomatensuppe mit Nudelhaube 51
Topfennudeln 114
Vollkornnudelsalat 109